북미 개혁교단의 교회 개척 매뉴얼

How to Plant a Reformed Church

Copyright © by URCNA 2014

This Korean Edition is translated and used by permission of URCNA.

This Korean Edition Copyright © 2019 by Reformed Practice Books, Seoul, Republic of Korea.

이 한국어판의 저작권은 개혁된실천사에 있습니다.
신 저작권법에 의해 한국 내에서 보호받는 저작물이므로 무단 전재와 무단 복제를 금합니다.

북미 개혁교단의 교회개척 매뉴얼

편찬   URCNA 선교위원회
옮긴이 김태곤
펴낸이 김종진
초판 발행 2019년 10월 14일
등록번호 제2018-000357호
등록된 곳 서울특별시 강남구 선릉로107길 15, 202호
발행처 개혁된실천사
전화번호 02)6052-9696
이메일 mail@dailylearning.co.kr
웹사이트 www.dailylearning.co.kr

책값은 뒤표지에 있습니다.
ISBN 979-11-89697-01-3

How to Plant a Reformed Church

북미 개혁교단의 교회개척 매뉴얼

URCNA 교단의 공식 문서를 통해 배우는 교회개척 원리와 실천

URCNA 선교위원회 편찬
김태곤 옮김

개혁된실천사

목차

서문 · 6

1. 단계 I: 관심 확립하기 · 17
2. 단계 II: 핵심 그룹 세우기 · 27
3. 단계 III: 개척 교회 세우기 · 41
4. 단계 IV: 조직화된 교회 세우기 · 53
5. 교회 개척자들을 위한 조언 · 59

부록

부록 서문 · 81

부록 1: 교회 멤버십이란 무엇이며 왜 그것이 필수적인가? · 83

부록 2: 우리에게 신조들과 신앙고백들이 필요한 이유는 무엇인가? · 101

부록 3: 십일조와 헌금에 대한 성경적인 원칙 · 115

부록 4: 개혁파 예배란 무엇인가? · 127

부록 5: 유아세례를 어떻게 볼 것인가? · 141

서문

이 매뉴얼은 북미개혁교회연합(URCNA, United Reformed Churches in North America, 북미 지역을 기반으로 하는 개혁 교단—편집주)의 교회 개척 전략을 담고 있다. URCNA의 선교위원회는 당회와 교회 개척자를 위한 선교 사역 지침이 필요하다는 인식하에 이 문서를 작성했다. 이 매뉴얼은 교회 개척이라는 방대한 주제 전부를 다루지는 않으며, 다만 당회와 교회 개척자와 핵심 그룹에게, URCNA 교단에 속한 회중을 세우기 위해 필요한 체계적 계획을 설명하고 몇 가지 조언을 제공하려는 것이다.

우리가 개혁교회들을 개척해야 하는 이유

URCNA는 예수 그리스도의 참된 교회들로서, 제자를 삼으라는 우리 주님의 지상명령을 수행해야 한다. 주님은 명령하셨다. "하늘과 땅의 모든 권세를 내게 주셨으니 그러므로 너희는 가서 모든 민족을 제자로 삼아 아버지와 아들과 성령의 이름으로 세례를 베풀고 내가 너희에게 분부한 모든 것을 가르쳐 지키게 하라 볼지어다 내가 세상 끝날까지 너희와 항상 함께 있으리라"(마 28:18-20). 이 명령은 사도행전에서 교회를 개척하고 보통의 은혜의 방편들을 사용하여 수행된다. 성령의 권능을 받은(행 2:1-4) 사도들은 복음을 전하고(행 2:14-36), 믿는 자에게 세례를 주었으며(행 2:37-41), 신자들은 "사도의 가르침을 받아 서로 교제하고 떡을 떼며 오로지 기도하기를" 힘쓰면서(행 2:42) 정기적으로 모이기 시작했다. 이로써 첫 번째 새 언약의 교회가 조직화되었다. 동일한 교회 개척 패턴이 사도행전 전반에 걸쳐 전개된다. 즉, 사도들은 온 세계를 다니면서 그리스도를 전하고, 신자들과 그 가족들에게 세례를 주고, 새로운 신자들을 감독할 장로들을 지명하였다(행 14:21-23).

지역 교회의 제자 삼는 사역은 아무리 강조해도 지나치지 않다. 주님은 지역 교회의 제자 삼는 사역을 통해 구속받은 사람들을 모으고, 그들을 말씀으로 먹이고, 그들의 예배를 받고, 그들의 믿음을 성장시키고, 그들을 사랑의 공동체로 결속시키신다(롬 12장; 엡 4장; 빌 1:27-2:11). 지역 교회는 그리스도께 속한 백성들이 지상에서 존재를 드러내는 현현이며 그리스도께서 그분이 정하신 방편을 통해 그들을 만나시는 장소이다. 따라서 교회 개척에 있어 지역 교회가 빠질 수는 없다.

교회는 주님의 재림 때까지 지상명령을 지속적으로 수행해야 하므로, 교회가 거의 없거나 전혀 없는 곳에는 참된 교회를 개척해야 한다. 우리는 기존의 회중 가운데서 은혜의 방편들을 매주 사용함으로써 제자를 삼을 뿐 아니라, 새로운 회중을 개척함으로써 제자를 삼는다. 우리 교회 헌법 47조에 따르면, 우리의 선교 임무는 "회심하지 않은 자들에게 하나님 말씀을 전하는 것"이며, 종종 이 일은 "조직화된 교회 밖에서 실행"된다. 이 중요한 임무를 수행하기 위해서는 "이를 위해 따로 구별된 말씀 사역자들이 있어야 하며, 그들은 당회의 청빙을 받아 임명된 후 당회의 지원과 감독 아래서 이 일을 수행한다. 또한 우리 교회 헌법은 "우리 교회들은 선교사들을 지원하는 일에 서로를 도와야 한다"고 규정하고 있다. 따라서 우리 교단에 속한 지역 회중들은 다른 모든 선교 관련 노력들보다 URCNA 교단 내의 교회 개척 사역에 더 우선순위를 두어야 한다.

누가 개혁교회를 개척해야 하는가

개인은 교회를 개척하지 않는다. 교회가 교회를 개척한다. 성경의 원칙과 개혁파 원칙에 충실한 교회 개척을 하기 위해서는 한 명의 은사받은 일꾼보다 더 많은 사람을 필요로 한다. 성령의 은사를 받아서 다양한 역할을 담당할 다수의 사람들로 구성된 팀을 필요로 하는 것이다. 또한 교회 개척은 최소한 그 사역을 재정적으로 지원할 회중(모교회), 감독할 직분자들(노회의 조언을 받는 당회), 임명된 사역자(교회 개척자), 그리고 그 일원이 되길 원하는(아마 인원은 많지 않아도) 헌신된 사람들(핵심 그룹)을 필요로 한다. 교회를 개척하려면 이러한 사람들이 필수적으로 구비되어야 한다.

이들에 더하여, 노회의 선교위원회, 공동사역위원회(특정한 선교 사역을 지원하기 위해 협력하는 여러 교회 멤버들로 구성됨), URCNA 선교위원회도 교회 개척에 도움이 될 수 있다. 하지만 우리 교단 내에서 진행되는 어떤 교회 개척도 반드시 특정한 한 당회의 감독 아래에 있어야 한다. 당회가 홀로 애쓰는 것이 아니며 소속된 노회를 충분히 활용해야 하지만, 한 교회의 설립과 관련하여 가장 큰 책임을 지는 것은 당회이다.

언제 더 많은 개혁교회들을 개척해야 하는가

하나님이 특별한 기회를 주실 때 우리는 더 많은 교회들을 개척해야 한다. 북미에 건전한 개혁교회가 없는 지역이 많다는 점을 고려하면, 추수할 것이 많은데 일꾼은 극히 부족하다. 진정 우리는 "추수하는 주인에게 청하여 추수할 일꾼들을 보내 주소서"(마 9:38)라고 기도해야 한다. 아울러 우리는 이 일꾼들이 파송될 수 있도록 기회의 문을 열어주시기를 추수하는 주인께 기도해야 한다(골 4:2-3).

사도행전은 교회 개척을 위한 기회의 문을 주님이 어떻게 여시는지를 보여주는 사례로 가득하다. 사도행전 13-14장에서 성령님은 선교를 위해 바울과 바나바를 따로 세우신다. 안디옥 교회의 파송을 받은 바울과 바나바는 구브로와 루기아와 갈라디아 지역을 두루 다니며 복음을 전했다. 그 결과 루스드라와 이고니온과 비시디아 안디옥에 교회가 개척되었고, 바울과 바나바는 거기서 장로들을 임명했다(행 14:21-23). 그들은 수리아의 안디옥에 있는 모교회로 돌아가서, "교회를 모아 하나님이 함께 행하신 모든 일과 이방인들에게 믿음의 문을 여신 것을 보고"했다(14:27).

또 하나의 사례는 바울의 소위 '마게도냐 소명'이다(행 16:6-10). 역사의 그 시점에, 성령께서는 바울과 실라와 디모데가 아시아와 비두니아에 새 교회들을 개척하지 못하게 하셨고, 대신에 그들을 마게도냐로 부르셨다. 이로 인해 "마게도냐 지방의 첫 성이요 또 로마의 식민지"(12절)인 빌립보에 교회가 개척되었다.

하나님이 마게도냐로 가라는 환상을 바울에게 보여주셨지만, 오늘날 우리는 그런 일을 기대할 수 없다. 하나님은 언제 어디에 교회를 개척할 것인지에 대한 새로운 계시를 우리에게 주시지 않는다. 그렇지만 여전히 하나님은 특정한 때에 특정한 곳에서 특정한 사람들과 함께 개척할 수 있는 기회의 문을 열어주신다. 개혁교회가 없는 지역에 거주하는 가족이나 일단의 사람들이 지역 교회의 당회나 URCNA 선교위원회를 찾아와서 "건너와서 우리를 도우라"고 말하면, 우리는 그 요청에 응해야 한다. 모든 상황에서 교회 개척이 가능하진 않을 수도 있다. 경우마다 상황이 다르며, 우리가 가진 자원에는 한계가 있다. 하지만 당회들과 노회들과 URCNA 선교위원회는 새로운 기회가 생길 때 교회 개척의 가능성에 대해 최소한 점검은 해보아야 한다.

또한 특별한 기회가 생기지 않을 경우에는, 당회와 노회와 교회 개척 지망자들(신학생이든 안수받은 목사이든)이 특정 지역에 교회를 개척하려는 계획을 세울 때 매우 주의해야 한다. 주님이 문을 열어주시기를 기다리면서 우리는 기도하며 인내해야 한다.

개혁교회를 어디에 개척해야 하는가

여러 개의 개혁교회가 필요할 정도로 큰 도시도 있지만, 우리는 현재 개혁교회가 전혀 없는 곳에 개척하는 데 초점을 맞춰야 한다. 우리 주님이 사도들더러 예루살렘과 유다의 지경을 넘어 사마리아와 땅끝까지 이르러 증인이 되라고 명하셨듯이(행 1:8), 우리는 개혁파 증인이 없는 곳으로 가야 한다. 현재 미국과 캐나다에는 URCNA 회중이 전혀 없는 넓은 지역들과 큰 도시들이 많다. 아예 개혁파나 장로교 회중이 없는 곳들도 있다. 우리는 우리와 색깔이 비슷한 교회들이 이미 존재하는 도시에서 개혁교회 개척을 시작하기 전에 이 점을 고려해야 한다.

URCNA 회중을 개척할 기회가 생길 때, 우리는 적어도 두 가지 중요한 질문에 대한 답을 찾아야 한다. 이 특정 지역에 개혁교회를 세우고자 하는 이유는 무엇인가? 자동차로 다니기에 적당한 거리 안에 고백적 개혁교회나 장로교회가 있는가?[1]

더 많은 개혁교회를 어떻게 개척해야 할까

교회 개척은 오직 성령의 능력으로만 그리고 성령께서 축복을 내리시는 방편인 하나님 말씀으로만 성취된다. 신약성경은 그리스도께서 그분의 복음을 사용하여 교회를 세우신다고 분명히 말씀한다. "믿음은 들음에서 나며 들음은 그리스도의 말씀으로 말미암았느니라"(롬 10:17). 그러므로 우리는 소매업체가 새로운 지역에 지점을 세우는 것과 같은 방식으로 교회 개척을 도모해선 안 된다. 교회 개척은 인구통계학적 연구와 사업적으로 영리한 결정에 달려 있는 것이 아니다. 그것은 죄인들을 그리스도께로 이끌고 그들의 마음속에 믿

---

1. 정통장로교회(OPC)의 교회 개척 매뉴얼인 《OPC 교회 개척하기》(*Planting an Orthodox Presbyterian Church*)는 선교 사역을 시작할 때에는 건전한 이유가 있어야 함을 지적한다. "교회 개척에 관여하는 사람이라면 누구나 대답해야 할 가장 중요한 물음들 중의 하나는, '왜 당신은 새 교회를 시작하고 있는가?'이다. 이 물음 속에는, '이곳에는 이미 교회들이 충분히 많이 있지 않은가?'라는 물음이 내포되어 있다. 다음과 같이 대답하는 것은 성경적이지도 지혜롭지도 않다. '이 사람들이 자신의 회중 내에서 다른 사람들과 잘 지낼 수 없기 때문이다.' 또는, '단지 그들이 시내의 다른 교회들을 좋아하지 않기 때문이다.'" 이어서 그 매뉴얼은 "새 교회를 시작하는 것을 성경적으로 정당화하는 세 가지 예"를 열거하는데, 이것은 우리의 교회 개척을 올바로 진행하는 데 도움이 된다. (1) 이 시점에 이곳에서 이 교회를 개척할 수 있는 특별한 기회가 주어졌다. (2) 이곳에서 핵심적인 영향력을 발휘할 새로운 교회의 사역이 필요하다. (3) 이 동료 신자들이 그들 가운데 그리스도께서 시작하신 일을 계속 실행해 나가기 위해 우리의 도움을 필요로 한다. *Planting an Orthodox Presbyterian Church*(Willow Grove, PA: The Committee on Home Missions and Church Extension), 21-23을 보라. 우리는 이 귀한 매뉴얼을 만든 OPC의 국내선교 및 교회확장위원회에 깊은 감사를 표하는 바이다. 우리는 그들의 지혜와 통찰력으로부터 큰 유익을 얻었으며, 그들의 원칙들 중 많은 부분을 우리의 정책에 맞춰 적절하게 적용하고 있다.

음을 조성하며 그들을 제자로 만들기 위해 하나님 말씀을 사용하시는 성령님께 달려 있다. 우리는 그분의 능력에 의존하면서 신실하게 그리스도를 선포하도록 부르심받았다. "그런즉 그들이 믿지 아니하는 이를 어찌 부르리요 듣지도 못한 이를 어찌 믿으리요 전파하는 자가 없이 어찌 들으리요 보내심을 받지 아니하였으면 어찌 전파하리요"(롬 10:14-15상).

아울러 우리는 지혜롭게 그리고 질서 있게 해나가야 한다. 성령님께 의존한다고 해서 무계획적으로 체계도 없이 행한다는 뜻이 아니다. 하나님은 무질서의 하나님이 아니시며(고전 14:33), 교회 안에서 모든 것이 "품위" 있고 "질서" 있게 행해지기를 바라신다(고전 14:40). 사도들이 지상명령을 수행했던 방식도 예외가 아니었다. 그들은 제자를 삼되 모든 일을 질서 있게 수행했다. 바울이 유대인 회당에서 또는 이방인 불신자들에게 복음을 전할 때, 그의 목표는 언제나 장로들과 집사들을 구비한 회중을 세우는 것이었다. 그는 말씀과 성례를 통해 제자를 만들고 그들 속에 그리스도의 형상이 이루어지게 하고자 했다(갈 4:19). 마찬가지로 우리는 교회 개척을 전략적으로 그리고 질서 있게 진행해야 한다. 그것이 지혜롭다.

그 목적을 위해, 이 매뉴얼은 네 단계 계획을 추천한다. 교회 개척의 첫 단계에서는, 핵심 그룹을 형성하려는 진지한 관심이 있는지 그리고 당회가 이 개척 사역을 기꺼이 감독할 의향이 있는지를 확정해 나가는 대화를 시작해야 한다. 두 번째 단계에서는, 핵심 그룹이 매주 모여서 성경과 '하나 되는 세 고백서'(하이델베르크 교리문답, 벨직 신앙고백, 도르트 신조)를 공부하기 시작한다. 당회는 이 그룹이 수효 면에서나 영적 성숙의 면에서 성장할 수 있도록 감독해야 한다. 또한 당회는 교회 개척과 관련하여 가능한 한 빨리 노회의 조언을 구해야 한다. 세 번째 단계에서, 당회는 매주 주일마다 개척 교회가 따로 예배 드릴 것을 지시하고 그 진전 과정을 계속 감독한다. 일단 개척 교회가 충분한 규모와 재정적 안정과 직분을 맡을 자격을 갖춘 자들을 갖추게 되면 네 번째 단계로 나아갈 준비가 된 셈이다. 마지막 네 번째 단계에서는, 개척 교회가 자체적인 직분자들을 보유한 URCNA 교회로 조직화된다. 이 매뉴얼의 다음 장들에서는 이 네 단계 접근 방식을 설명한다.

개혁교회가 없는 지역에 그런 교회가 개척되기를 바라는 당회와 제직회와 노회와 선교위원회와 공동사역위원회와 교회 개척자와 핵심 그룹과 모든 그리스도인에게 이 매뉴얼이 도움이 되기를 기도한다. 추수의 주님께서 그분의 지상명령을 따라 세상에 복음을 전하며 만민을 제자로 삼는 사역을 수행하는 우리에게 지혜와 용기를 주시고, 우리를 계속 강하게 해주시길 기원한다.

그리스도의 교회를 위하여,
URCNA 선교위원회
2014년 3월

당회가 교회 개척의 가능성을 확신할 경우에는
가급적 빨리 소속 노회에 알리는 것이 매우 중요하다.
우리는 회중교회주의자가 아니기 때문에,
URCNA 당회는 교회 개척을
노회와 무관하게 진행해선 안 된다.

1장
단계 I: 관심 확립하기

단계 I의 목적은 핵심 그룹을 형성하려는 진지한 관심이 있는지, 그리고 URCNA 내의 한 당회가 그 일을 기꺼이 감독할 의향이 있는지 조사하고 결정하는 것이다.

처음에 어떻게 관심을 갖게 되는가

새로운 교회를 개척하는 데 처음 관심을 갖게 되는 방식은 여러 가지이다. 비교적 흔한 시나리오들을 열거하면 다음과 같다.

시나리오 1: URCNA 회중에 속한 멤버들 중에서 교회에서 멀리 떨어진 곳에 사는 이들이 자신의 집에서 더 가까운 곳에 새로운 교회를 개척할 수 있을지 당회에 문의한다. 당회는 그 가능성을 조사하고, 회중에게 탐문한다. 이 와중에, 핵심 그룹의 일원이 되는 데 관심이 있는 멤버들과 방문자들이 참석할 수 있는 정보 제공 모임을 가질 수도 있다.

시나리오 2: URCNA 회중에 속한 멤버 가족이 개혁교회가 없는 지역으로 이사한다. 그들은 그나마 가장 가까운 교회의 당회 또는 URCNA 선교위원회와 접촉해서, 그들의 새 거주지에 교회를 개척할 가능성에 대해 문의한다. 당회는 조사를 시작하며, 인근의 당회들로부터 지원을 받을 수도 있을 것이다.

시나리오 3: 특정 지역의 여러 그리스도인들이 그 지역에 개혁교회가 필요함을 논의한다. 이 그룹은 이미 매주 모이고 있을 수도 있고 또는 어떤 식으로든 이미 정기적으로 모이고 있을 수도 있다. 앞의 시나리오와 유사하게, 이 사람들은 인근의 URCNA 교회나 URCNA 선교위원회와 접촉하여 자신들이 바라는 바를 알린다. 당회는 상황을 조사하기 시작하며, 그 지역에서의 교회 개척이 적절할지 결정한다.

시나리오 4: 회중의 멤버들 중에 매우 먼 거리를 운전하여 교회로 오는 이들이 많음을 당회가 인식한다. 당회는 교회 개척에 관심을 갖는 사람이 충분히 많은지를 결정하기 위해 멤버들에게 물어본다.

시나리오 5: URCNA 목사나 신학생이 특정 지역에서 교회를 개척하기를 원한다. 그는 자기 교회의 당회에게 자신의 생각을 토로한다. 그 생각이 지혜로움을 당회가 확신하면, 그들은 교회 개척의 가능성을 조사하기 시작한다.

당회가 조사해야 하는 것은 무엇인가

어떤 시나리오에 해당하든, 당회는 단계 II로 나아가기 전에 몇 가지 중요한 사항들을 결정해야 한다.

1. 이 새로운 사역에 진정으로 관심을 갖고 참여할 사람들(또는 가족들)의 수는 얼마나 되는가?

어떤 면에서, 조사의 긴급성은 교회 개척을 원한다고 당회에 알린 가족과 개인의 수에 달려 있다. 예컨대, 단지 한 가족이 당회와 접촉하여 그들이 사는 곳에서의 개혁교회의 개척을 위해 기도하고 있다고 알린다면, 당회는 그 일을 논의하되 행동을 더 진전시키기 전에 기다리는 쪽을 택할 수 있다. 반면에, 다섯 가족이 당회를 찾아간다면, 장로들은 행동을 지체하면 안 된다. 진지한 논의가 시작되어야 하는 것이다.

2. 이 그룹이 개혁교회를 개척하려는 이유가 무엇인가?

당회는 이 그룹이 왜 URCNA 교회를 개척하는 데 관심을 보이는

지를 파악해야 한다. 당회는 다음 몇 가지 물음들에 대한 답을 구해야 한다. 이 그룹이 지역 내의 교회들에 불만을 느끼는 이유는 무엇인가? 이 그룹이 최근에 어느 교회를 떠났는가? 만일 그랬다면 그 이유는 무엇인가? 북미개혁파장로교회협의회(NAPARC)에 속한 다른 교회가 적당한 운전 거리 내에 존재하는가? 이 그룹원들의 교회적 배경은 어떠한가? 그들이 서로 잘 협력할 수 있을 것으로 기대되는가?

3. 이 특정한 지역의 기본적인 인구통계학적 실태는 어떠한가?

교회 개척을 위한 동기를 인구통계학에서 찾으면 안 되지만, 그럼에도 불구하고 당회는 몇 가지 요소들을 반드시 고려해야 한다. 이 특정 지역의 인구는 어느 정도인가? 예상되는 인구증가는 어느 정도인가? 이 도시는 그 특성상 변화가 많은 곳인가? 인근 도심들과는 얼마나 떨어져 있는가?

4. 핵심 그룹이 매주의 성경공부를 위해 모일 장소는 어디인가?

핵심 그룹이 매주의 성경공부를 위해 모이는 것이 중요하다는 사실에 대해서는 나중에 논의할 것이다. 당회는 이 성경공부를 위한 장소를 가급적 빨리 정해야 한다. 핵심 그룹의 한 멤버가 자신의 집을 모임 장소로 기꺼이 제공하는 경우도 종종 있다. 어떤 경우에는 당회가 중간 지점에 장소를 임대할 수도 있다.

5. 이 성경공부를 누가 인도할 것인가?

URCNA 목사가 성경공부를 인도하는 것이 이상적이다. 그렇게 할 수 없는 경우에는, 자격을 갖춘 사람 또는 가르칠 수 있는 역량을 갖춘 모교회의 남성 멤버나 장로가 그 일을 맡아야 한다. 누가 가르치든, 제직회는 그 사람에게 사례비를 지급할 것인지, 그리고 지급한다면 얼마를 지급할 것인지를 정해야 한다.

6. 당회는 매주의 성경공부를 어떻게 감독할 것인가?

당회의 멤버 한두 명이 성경공부 때마다 참석하는 것이 이상적이다. 만일 그것이 여의치 않으면, 성경공부 인도자가 정기적인 보고서를 당회에 제출하여 매월의 당회 모임에서 평가받을 수 있게 해야 한다. 어떤 경우라도 당회는 성경공부를 적절히 감독하기 위해 심혈을 기울여야 한다.

7. 교회 개척을 위한 재정은 어느 정도인가(예, 목사 청빙, 시설물 임대 등)?

교회 개척은 많은 재정적 헌신을 필요로 한다. 개척 교회가 주일에 모여 예배할 장소를 임대하거나 매입하려면 많은 비용이 든다. 의자, 성경책, 찬송가 등을 구입하는 데에도 비용이 든다. 당회는 새로운 회중을 세우는 힘든 일에 헌신하는 URCNA 목사를 교회 개척자로 청빙해야 한다. 제직회는 교회 개척자의 물질적 필요가 온전히 충족되어 그가 세상적인 염려에서 놓여 하나님 나라의 일에 집중할 수 있도록 만전을 기해야 한다.

재정적인 비용 때문에 당회가 교회 개척을 곧바로 단념해서는 안 된다. 첫째, 하나님 나라를 위한 투자는 하나님의 말씀에 따라 신실하게 이뤄질 경우에 결코 손실이 아니다. 둘째, 우리는 교회들의 연합체로서, 한 몸으로서 언약을 맺었으며, 우리의 선교사들을 지원하는 일에 협력하기로 동의했다. 지역 당회는 노회와 함께 사역해야 하며, 필요하면 교회 개척 기금을 확보하기 위해 몇 개 지역 교회가 함께 참여하는 공동사역위원회를 URCNA 2001년도 보고서인 성경적 〈신앙고백적 선교관〉에 따라 구성해야 한다.

정보 제공 모임

이 세부사항들을 결정하는 과정의 어느 시점에, 당회는 교회 개척 참여에 관심을 지닌 누구라도 참석할 수 있는 정보 제공 모임을 개최해야 한다. 이 모임에서는 URCNA에 생소한 참석자들에게 우리 교단에 대한 일체의 정보를 제공해야 한다. 당회의 멤버 또는 당회가 요청하는 경우 URCNA 선교위원회의 회원이 새로운 URCNA 교회의 설립 과정에 대해 설명하고 나아가 교단의 역사와 신앙고백적 기준과 예배 원칙을 상세히 설명해야 한다.

노회의 관여

당회가 교회 개척의 가능성을 확신할 경우에는 가급적 빨리 소속 노회에 알리는 것이 매우 중요하다. 우리는 회중교회주의자가 아니기 때문에, URCNA 당회는 교회 개척을 노회와 무관하게 진행해선 안 된다. 교회 헌법 22조에 명시되어 있듯이 당회는 노회의 일치하는 조언을 구해야 한다. "한 회중이 새로 조직될 때에는, 인근 당회의 감독하에 그리고 노회의 일치하는 조언에 따라 그 일이 진행된다"(교회 헌법 22조). 당회가 이 조항을 마지못해 또는 피상적으로 따름으로써, 결국 교회가 조직화되는 단계에 이르러서야 노회의 조언을 구하는 건 어리석은 일이다. 조언자들이 많으면 지혜도 많아지므로(잠 11:14), 가급적 빨리 조언을 구해야 한다. 노회는 당회의 제안을 검토하고 유용한 피드백을 제시할 수 있으며, 가능하다면 재정적으로 지원할 수도 있다(교회 헌법 47조 참조). 교회 개척 경험이 전혀 없는 당회에게는 이 점이 특히 중요하다.

처음에 어떻게 해서 관심을 가지게 되었든,
핵심 그룹을 모집하고 형성할 때 가장 중요한 것은
매주 성경공부를 하는 것이다.

2장
단계 II: 핵심 그룹 세우기

단계 II의 목적은 주일에 개척 교회만의 별도의 예배를 소집하기 전에 성숙한 핵심 그룹을 형상하는 것이다.

매주 성경공부의 중요성

처음에 어떻게 해서 관심을 가지게 되었든, 핵심 그룹을 모집하고 형성할 때 가장 중요한 것은 매주 성경공부를 하는 것이다. 성경공부 모임을 통해 그룹원들이 서로를 알게 되고, URCNA의 신조와 예배 원칙에 대해 알게 된다. 성경공부는 대개 주중의 저녁 시간에 행해지며 여러 달 동안 지속된다. 그룹원들이 배울 주제로는 교회론에 초점을 맞추는 에베소서, 복음을 체계적으로 소개하는 로마서, URCNA의 신앙고백에 더 친숙해지게 하는 '하나 되는 세 고백서'

등이다.

또한 매주의 성경공부는 그룹원들 서로의 관계가 더 긴밀해지기 위한 좋은 기회이다. 그들은 함께 배우고, 함께 기도하고, 함께 계획을 세우고, 함께 격려하며, 심지어 서로를 섬긴다. 이런 긴밀한 상호 관계는 개척 교회에 헌신하는 핵심 그룹의 헌신을 굳건하게 만드는 핵심 요소이다.

성경공부 모임을 영적 성숙의 면에서 성장시키라

성경공부는 믿음 안에서 신자들의 덕을 세우는 데 목표를 두어야 한다. 당회가 핵심 그룹의 영적 성숙을 측정할 수 있는 몇몇 지표들은 다음과 같다: 지식의 성장(고전 1:4-5; 엡 1:17; 빌 1:9-10; 골 1:9-10), 성도를 향한 사랑(롬 12:10-13; 엡 1:15; 골 1:4), 다른 사람들에게 전도하려는 갈망(골 4:5-6; 벧전 3:15-16), 헌금을 기꺼이 내려고 함(고전 16:1-2; 고후 8-9장), 미래의 잠재적 지도자들을 보유함(딤전 3:1-13; 딛 1:5-9).

성경공부 모임의 인원을 늘리라

영적 성장도 그렇겠지만 개척 교회의 수적 성장도 성령님의 일이다. 숫자가 늘게 하는 분은 하나님이시다(고전 3:6). 그럼에도 불구하고, 하나님은 끝까지 우리의 노력을 사용하신다. 이 때문에, 당회와 핵심 그룹은 성경공부에 대한 소식과 장래의 교회 개척을 위한 계획을 두루 알릴 수 있는 여러 방법들을 고려해야 한다.

1. 인터넷

매주의 성경공부를 홍보하고 교회 개척 계획을 알리는 웹페이지를 만드는 것은 여러 사람에게 알리며 목표 지역에서 접촉점들을 마련하기 위한 탁월한 방법이다. 이 웹페이지는 모교회 웹사이트의 일부이거나 그 사이트와 연결되어야 한다. 또한 웹페이지에 한두 개의 이메일 주소를 기재하여 접촉점을 마련하는 것이 좋다.

2. 라디오 광고

당회는 지역의 기독교 라디오 방송국들, 특히 "리뉴잉 유어 마인드"(Renewing Your Mind)나 "화이트 호스 인"(The White Horse Inn) 같은 개혁파 가르침을 전하는 인기 프로그램을 활용하는 것을 고려해야 한다. 이 프로그램들의 전후에 실리는 30초나 60초짜리 광고는 광고료가 비싸지만, 개혁파 신학에 관심 있는 지역민들에게 다가가는 탁월한 방법임이 두루 입증되었다. 종종 라디오 방송국들은 교회의 광고비를 저렴하게 책정해주며, 홍보 효과를 위해 전문적인 서비스를 제공한다.

3. 전략적인 공공장소들에 비치하는 전단지

라디오 광고보다 비용이 덜한 (효과도 덜할 것이다) 방법으로, 지역의 기독교 서점, 도서관, 지역문화센터, 커피숍 같은 전략적인 장소에 전단지를 비치하는 것을 생각할 수 있다. 이런 장소들 중 다수는 교회의 전단지를 비치하도록 기꺼이 허락한다. 이는 교회의 사역에 대한 정보를 여러 사람에게 알리는 손쉬운 방법이다. 출판 소프트웨어가 발전하고 활용하기 쉬워짐에 따라 매력적인 인쇄물과 전단지를 간편하게 만들 수 있게 되었다.

4. 컨퍼런스

개혁파 신학에 대한 컨퍼런스나 세미나를 지역사회에서 개최하는 것은 교회 개척 소식을 확산시키는 또 다른 방법이다. 이것은 지역 그리스도인들에게 흥미로운 특정 주제들에 대한 좋은 가르침을 제공하는 이점도 지닌다. 여러 가지 좋은 주제들 중에는 종말론, 가정 예배, 은혜에 대한 교리들도 포함된다. 당회는 개혁파 신학교의 교수들이나 노회 안의 여러 목사들 중에서 특정 주제에 대해 은사를 지닌 강사들을 초빙할 수 있다. 컨퍼런스에서는, 교회 개척에 대한 풍성한 정보가 참석자들에게 제공되어야 한다. 아울러, 모든 참석자들과의 후속 접촉이 이루어져야 하는데, 이것은 등록 명부를 통해 가능하다.

5. 입소문

당회가 가능한 한 많은 홍보 방안들을 활용하는 것이 지혜롭지만, 가장 효과적인 것으로 검증된 방법은 입소문이다. 모교회의 멤버들은 물론이고 핵심 그룹은 친구들이나 이웃들과 개인적인 대화를 나누면서 새로운 사역을 알리는 데 최선을 다해야 한다.

성경공부가 행해지는 곳의 인근에 사는 모교회 멤버들에게 핵심 그룹의 일원으로 참석할 것을 독려할 수 있지만, 절대로 강요해선 안 된다. 성경공부 인원의 증가는 그 특성상 유기적이어야 하며, 기꺼이 참여하고자 하는 사람들을 모으시는 성령의 사역을 통한 것이어야 한다.

재정적 지원의 수준을 정하라

단계 III으로 나아가기 전에, 당회는 목사를 청빙하여 사례비를 지급하는 데 드는 비용의 총액을 결정하고(교회 헌법 2조와 47조 참조), 그에 충분한 자금이 있는지를 판단해야 한다. 당회는 목사 사례비 지급과 재정적 자립에 관해 핵심 그룹에게 물어보아야 한다. 또한 당회는 노회에게도 재정적 필요를 알려 도움을 받을 수 있게 해야 한다.

운영위원회를 구성하라

단계 III으로 나아가기 전에, 당회는 운영위원회를 구성하여 그 직접적 감독 아래 교회 개척을 계획하고, 홍보하며, 또한 필요한 경우 교사나 교회 개척자를 돕는다. 위원회의 멤버로는 임명된 교사(후에는 교회 개척자), 당회 소속인 장로 1인 이상, 집사 1인, 그리고 교회 개척 사역에 정규적으로 참여하는 모교회의 남성 멤버 서너 명을 포함하는 것이 이상적이다. 운영위원회는 개척 사역의 최신 정보를 매월 당회에 제공해야 한다.

주일 예배 장소를 확보하라

단계 III으로 나아가기 전에, 당회는 핵심 그룹의 조력을 받아 주일 예배 장소를 확보해야 한다. 지역의 공립학교나 기독교 학교의 강당, 안식교 교회, 유대교 회당, 지역문화센터, 사설 극장, 어린이 오락관, 기타 임대가능한 빈 건물을 사용할 수 있다. 그리고 다른 교회의 건물을 임대하되 공유 공간에서의 모임 시간을 서로 엇갈리게 하는 방법도 있다.

장소가 어디든, 몇 가지 사항이 고려되어야 한다. 목표로 삼는 지역민들에게 호감을 주는 장소인가? 그 건물이 예배에 적합한가? 그 장소를 얼마나 오래도록 사용할 수 있는가? 임대료가 교회 개척을 위한 제직회의 예산 범위 안에 있는가? 당회는 개척 교회의 장소를 너무 자주 옮기지 않도록 주의해야 한다.

교회 개척자를 청빙하거나 설교자를 확보하라

단계 III으로 나아가기 전에, 당회는 교회 개척자를 청빙하거나 설교자를 확보해야 한다. 하나님 말씀을 신실하게 선포할 수 있는 사람이 모든 예배를 인도해야 한다.

당회는 목사 서임을 받은 사역자를 교회 개척자로 청빙하고 그를 감독하는 프로세스를 진행하기 전에, 설교만 담당하는 목사를 임시로 제한된 기간 동안 고용하는 편을 선호할 수도 있다. 교회 개척이 실패할 것을 우려하여 당회가 교회 개척자 청빙을 주저할 수도 있다. 그들은 청빙 단계로 나아가기 전에 핵심 그룹의 인원수와 영적 성숙도와 재정 능력에 대해 더 확신하기를 원할 수 있다. 이런 우려는 이해할 만한 것이지만, 핵심 그룹을 도울 헌신된 목사가 빨리 청빙될수록 더 좋다. 대부분의 경우에, 교회 개척의 성공 여부는 좋은 교회 개척자의 역할에 많이 의존한다. 교회 개척은 개인의 일이 아니고 전체 교회와 교회의 리더십의 관여를 필요로 하는 일이다. 하지만 이 힘든 임무를 위해 따로 청빙되는 목사가 반드시 필요하다.

만일 모교회와 핵심 그룹에게 목사 청빙을 위한 자금이 충분하지 않다면, 목사를 청빙하기 전에 노회에 재정적 도움을 요청해야 한다. 교회가 교회 개척자를 고용할 수 없는 경우에는, 노회에 속한 둘 이상의 당회의 일부 당회원들로 구성된 공동사역위원회가 필요한 자금을 확보하는 것이 바람직하다(URCNA 2001년도 보고서, "성경적 신앙고백적 선교관" 참조).

좋은 교회 개척자의 특징은 무엇인가

교회 개척자를 청빙할 때, 당회는 합당한 사람을 찾아야 한다. 그것은 자신을 청빙해주는 교회를 찾고 있는 목사나 신학생을 발견하면 되는 그런 간단한 일이 아니다. 교회 개척이라는 힘든 일을 아무나 할 수 있는 것이 아니기 때문이다. 그 일은 특정한 자질과 능력을 요구하는 사역이다. 교회 개척자는 디모데전서 3장 1-7절에 열거된 경건의 모습들에 덧붙여, 최소한 다음과 같은 여덟 가지 특징을 갖추어야 한다.

1. 복음을 위한 열정을 지닌 사람이다

모든 URCNA 목사들이 복음을 위한 열정을 드러내야 하지만, 교회 개척자는 특히 그러해야 한다. 그는 성령께서 예수 그리스도의 교회를 만들고 보존하기 위해 복음이라는 방편을 사용하심을 확신해야 한다. 그는 복음이 하나님의 영광을 가장 높이는 메시지임을 확신하고 매주 복음을 선포하고 싶어 할 정도로 복음에 몰두해야 한다. 그는 그리스도의 삶과 죽음과 부활의 복음 메시지가 죄인의 회심을 위한 것일 뿐 아니라 성도의 성화를 위한 것이기도 함을 깊이 확신해야 한다. 그는 복음이 경건한 삶과 사람들의 선한 행실을 고무하는 방편임을 확신해야 한다. 또한 그는 그리스도의 인격과 사역을 설교의 핵심으로 삼아야 한다.

2. '하나 되는 세 고백서'에 철저하다

모든 URCNA 목사들이 '하나 되는 세 고백서'에 온전히 동의하지만, 교회 개척자는 이 고백서들을 사랑하며 열정적으로 가르치는 사람이어야 한다. '하나 되는 세 고백서'는 개적 교회의 신학적 기초로서 그 멤버들의 하나 됨을 뒷받침해준다. URCNA는 신앙고백적 교회들이기 때문에, 교회 개척자는 우리가 왜 '하나 되는 세 고백서'를 믿고 고백하는지 핵심 그룹이 이해할 수 있게 도와주어야 한다.

3. 교회 개척을 위한 열정을 지니고 있다

교회 개척자는 '작은 일의 날'로 인해 열의를 잃지 않는 사람이어야 한다. 그는 선교적 사고방식을 지니고서 새 교회 설립을 위해 수고하는 도전을 즐겨야 한다. 그는 교회 개척이 처음부터 끝까지 영적인 일임을 깊이 이해하는 사람이어야 한다(고전 3:6-7).

4. 강한 리더십 기술을 지니고 있다

조직된 교회에 존재하는 통상적인 어려움들이 미조직된 개척 교회에서는 대체로 더 가중되어 나타난다. 개척 교회는 작고, 약하며, 미숙하다. 따라서 개척 교회는 강한 지도자를 필요로 한다. 교회 개척자는 의사소통을 잘하며 다양한 사람들과 함께 일할 수 있어야 한다. 또한 스트레스와 낙심에 잘 대처할 수 있어야 한다. 또한 성경적인 교회관과 교회 정책(church policy)을 확실히 이해하고 이에 헌신해야 한다. 그는 이 새로운 일을 안내하며 진행시키는 책임을 지닌 사람으로서, 교회의 교리와 URCNA 교회 헌법을 잘 배워서 이에 정통해야 한다.

5. 활력 넘치는 노동 윤리를 지니고 있다

교회 개척자가 당회와 모교회로부터 적절한 감독과 많은 도움을 받을 수 있지만, 불가피하게 그는 여러 다양한 역할을 담당해야 한다. 개척 교회에는 자체의 장로나 집사나 위원회나 목회 비서가 없다. 또한 교회 개척은 많은 시간과 생각을 필요로 한다. 따라서 교회 개척자는 활기차며, 스스로 동기를 부여하여 자신의 시간을 잘 관리할 수 있어야 한다. 그는 더딘 선교 사역 가운데서도 마치 병사나 운동선수나 농부처럼 인내심을 지녀야 한다(딤후 2:1-6).

6. 설교와 가르침을 위한 특별한 은사를 지니고 있다

대부분의 경우에, 설교가 부실하면 개척 교회는 살아남지 못할 것이다. 사실 설교가 보통 이상이지 않는 한, 학교 체육관에서 모이는 새로운 선교 사역에 기꺼이 헌신하는 이들은 거의 없을 것이다. 말씀 설교를 효과적이게 하는 분은 성령님이시지만, 그분은 사람들에게 저마다의 은사들을 주시며, 그 은사들은 동일하지 않다. 당회는 그 일을 담당할 후보자들을 객관적으로 평가해서, 무엇보다도 설교의 은사를 지닌 사람을 찾아야 한다.

또한 교회 개척자는 탁월한 교사여야 한다. 그는 복잡한 교리들을 간명하게 이해시킬 수 있어야 한다. 또한 사람들이 제기하는 여러 신학적인 질문들에 인내심을 갖고 능숙하게 대답해줄 수 있어야 한다. 그는 우리가 왜 '하나 되는 세 고백서'에 요약된 것과 같이 믿고 고백하는지, 우리가 왜 성경에 따라 공예배의 요소들을 규정해야 하는지, 우리가 왜 경건과 실천에 관한 개혁파 원칙을 따라야 하는지를 이해하도록 핵심 그룹을 도와줄 수 있어야 한다. 교회 개척자가 비개혁교회에 출석한 배경을 통해서 개혁파 신학을 처음 접하는 사람들에게 공감할 수 있다면 종종 매우 도움이 된다.

7. 사람들을 진심으로 사랑하는 마음과 종의 마음을 지니고 있다

그는 사람들과의 대화를 주도하며 즐기는가? 사람들의 이름과 삶의 형편을 기억하는가? 그는 교인들과 함께 시간을 보내는가? 그는 젊은이들과 잘 교류하는가? 이것들은 중요한 관찰 사항들이다. 왜냐하면 교회 개척자는 사람들을 진심으로 사랑하며, 다가오는 사람들을 진실한 사랑으로 섬겨야 하기 때문이다. 사람들에게 시간과 에너지를 투자하지 못하거나 기꺼이 투자하려 하지 않는 교회 개척자는 개척 사역을 제대로 감당할 수 없다.

8. 기도의 사람이어야 한다

그는 쉬지 않고 기도하는가(교회 헌법 2조)? 그는 교회 개척이 처음부터 끝까지 영적인 사역이며 따라서 기도에 힘써야 함을 이해하고 있는가? 선교 사역과 복음 확장을 위해 간절히 기도했던 사도 바울의 열정을 가지고 있는가(롬 1:10; 15:30-32; 고후 1:11; 엡 1:16-21; 3:14-19; 6:18-20; 빌 1:9-11; 골 1:9-10; 4:2-4; 살전 5:17; 살후 3:1-2)? 교회 개척자는 기도를 은혜의 방편으로 여기고 열심히 기도해야 하며, 성령의 은혜를 계속 간구해야만 자신의 사역에 하나님의 축복이 임하길 기대할 수 있음을 명심해야 한다(하이델베르크 교리문답 116문; 눅 11:5-13).

한 명 이상의 장로가 개척 교회의 예배에
매번 참석하는 것이 바람직하다.
예배를 소집하며 그 예전을 규정하는 기관은
당회이다.

3장
단계 Ⅲ: 개척 교회 세우기

단계 III의 목적은 개척 교회가 따로 모여 예배를 드리며 당회의 감독하에서 영적인 면에서나 수효 면에서 계속 성장하여 조직화된 교회(복수 장로가 세워져 당회가 조직된 교회를 말함―편집주)가 될 준비를 갖추게 하는 것이다.

예배를 소집하라

일단 당회가 주일 예배 장소를 마련했고, 교회 개척자를 청빙하거나 임시 설교자를 확보했고, 핵심 그룹의 영적 성숙이 적당한 수준에 이르렀음을 확신한다면, 독자적인 주일 예배를 소집할 준비가 갖춰진 셈이다.

당회는 주일에 독자적인 주일 예배를 몇 차례 드리게 할 것인지를 정해야 한다. 오전 예배나 저녁 예배만 독자적으로 드릴 것인지 아니면 둘 다 독자적으로 드릴 것인지를 정해야 한다. 우리의 교회 헌법은 "당회는 주일마다 두 번의 공예배를 소집한다"(37조)라고 규정하고 있지만, 개척 교회 멤버들이 한 번의 예배를 모교회에서 드릴 경우에는 개척 교회로 따로 모이는 예배를 주일에 한 번만 드려도 무방하다. 많은 개척 교회들은 저녁 예배만 따로 드리면서 서서히 시작하는 편이 더 유익함을 발견하였다. 이렇게 할 경우에는 핵심 그룹이 모교회의 오전 예배에 함께 참석하여 성숙한 개혁교회를 목격할 수 있으며 모교회의 당회와 더 친숙해질 수 있다. 반면에, 어떤 개척 교회는 처음부터 오전 예배와 저녁 예배 둘 다 자체적으로 드린다. 그렇게 하는 편이 영적인 면에서나 수효적인 면에서 더 많은 성장 기회를 가져다준다고 믿기 때문이다.

당회는 공예배의 예전을 승인해 주어야 한다. 개척 교회의 예전이 모교회의 예전과 일치할 필요는 없다. 예전이 예배에 관한 규정 원리에 따라 올바르게 구성되었고 교회 헌법의 범위를 벗어나지 않는 한, 어느 정도 변화가 가능하다. 교회 개척자는, 아마도 운영위원회의 자문을 구한 후에, 개척 교회에서 사용하려는 예전에 대해 당회의 승인을 구해야 한다. 당회는 판단을 내림에 있어 개척 교회의 상황과 운영위원회의 의견을 충분히 고려해야 한다.

당회원의 참석

한 명 이상의 장로가 개척 교회의 예배에 매번 참석하는 것이 바람직하다. 예배를 소집하며 그 예전을 규정하는 기관은 당회이다(교회헌법 37–38조). 개척 교회의 주일 예배에 직접 참석하는 장로가 없다면 당회는 개척 교회를 제대로 감독할 수 없다.

이 일을 위해 적어도 두 가지 방법이 가능하다. 하나는 장로들이 돌아가면서 개척 교회의 예배에 참석하는 것이다. 이 방법은 당회의 모든 장로들이 개척 교회를 감독하며 목양하는 일에 더 친숙해질 기회를 얻게 되는 이점이 있다. 하지만 이 시나리오는 개척 교회가 모교회로부터 적정한 운전 거리 내에 있을 경우에만 현실적이다. 또 다른 방안은 당회의 장로 한두 명을 특별히 임명해서 개척 교회의 예배에 항상 참석하게 하는 것이다. 이 방법을 적용하면, 담당 장로(들)는 개척 교회 멤버들과 더 친숙해지므로 목양을 더 잘할 수 있다. 이 시나리오는 개척 교회가 모교회로부터 먼 거리에 있을 경우에 더 현실적이다. 개척 사역의 영구적인 일원이 되기를 바라는 장로가 개척 교회 인근에 거주한다면 더욱 좋을 것이다.

모교회의 다른 멤버들이 개척 교회를 방문하는 것도 도움이 된다. 그렇게 하면 교회 개척에 큰 격려가 될 것이다. 예배 중의 찬송이 더 우렁차고 힘차게 되며 상호 간의 친교가 강화될 것이다. 모교회의 교인들은 개척 교회 안에서 주님께서 하시는 일을 목격하게 될 것이다.

헌금

첫 예배 때부터 헌금을 드려야 한다. 이를 통해 핵심 그룹은 성경적인 헌금에 참여하는 기회를 얻는다. 모교회의 제직회는 그 헌금이 개척 교회에서 어떻게 핸들링될지 처음부터 정해야 한다. 투명하고 일관성 있는 절차에 따라 헌금을 모으고 계수해야 한다.

또한 모교회의 제직회는 모아진 돈을 어떻게 처리할 것인지를 정해야 한다. 개척 교회의 헌금을 모교회의 자산과는 별도로 보관해야 할까? 아니면 그 헌금을 모교회의 계좌에 넣어서 개척 교회 지원 예산에 포함시키는 것이 좋을까? 그 헌금을 주일마다 곧바로 모교회로 송금할 것인가, 아니면 인근의 은행에 보관해 둘 것인가? 제직회는 모교회와 개척 교회 모두에게 최선인 방법을 정해야 한다.

이 때문에 개척 교회 예배에 집사 한 명을 참석시키는 것이 지혜로울 것이다. 개척 교회의 헌금을 거두고, 거두어진 헌금을 수발하는 책임을 이 집사에게 맡길 수 있다. 또한 그 집사는 헌금을 모으고 계수하는 업무 절차에 관하여 핵심 그룹에서 뽑힌 사람들(아마도 운영위원회에 속한 사람들)을 훈련시킬 수도 있다.

개척 교회의 멤버십

개척 교회는 아직 URCNA에 속한 조직화된 회중(established congregation)이 아니기 때문에, 개척 교회 자체는 공식적인 멤버십을 가지지 않는다. 개척 교회의 멤버십이라 함은 개척 교회에 출석하되 모교회의 멤버십을 가진 사람들을 의미하는 것이다. 그러한 멤버십은 당회와 개척 교회 멤버들 사이에 언약 관계를 형성한다. 따라서 당회는 개척 교회 멤버들을 양육하며 다스리고 필요시 권징도 실시한다. 이 멤버십이 없다면, 당회는 개척 교회 사람들에게 공식적인 권위를 행사할 수 없고 그들에게 아무런 의무도 부담하지 않는다. 당회는 모교회의 지역 회중에 속한 멤버들에게 지는 책임과 똑같은 책임을 개척 교회의 멤버들에게 부담함을 유념해야 한다.

개척 교회의 출석 인원이 늘어나면서, 다양한 교회적 배경을 지닌 사람들이 모일 것이다. 어떤 이들에게는 교회 멤버십 개념이 완전히 생소할 것이다. 미국 기독교에 흔한 개인주의적 환경에서 자란 사람들 중에는, 공식적인 교회 멤버십 개념을 구식이고, 불필요하며, 심지어 율법주의적인 것으로 여기는 이들도 있다. 교회 개척자와 당회는 이 양들을 조심스럽게 대해야 하며, 그리스도의 교회의 일원이 된다는 것이 어떤 의미를 갖는지 그들이 성경적으로 이해할 수 있도록 인내심을 가지고 가르쳐야 한다(부록 1을 보라).

교회 개척자는 교회의 멤버십에 관한 진리들과 직분자를 통한 목양적 감독에 관한 진리들을 교육시킬 중대한 책임을 지니고 있다. 그와 당회는 개척 교회가 모교회 장로들의 감독 아래에 있음을 분명히 알려주어야 한다. 이를 통해 개척 교회 출석자들은 교회 개척이 교회 개척자의 독립적인 사역이나 그 혼자만의 노력이라는 그릇된 생각에 빠지지 않게 되며 이것은 중요한 일이다. 교회 개척자가 예배 시작 전에 다음과 같이 말하면 도움이 될 것이다. "○○개혁교회에 오신 것을 환영합니다. 우리는 ○○개혁교회에서 개척하는 개척 교회이며 선교팀입니다." 이와 유사한 문구를 주보에 인쇄하거나 개척 교회 웹사이트에 게재해야 한다. 예배 시작 직전에 교회 개척자와 방문 장로가 설교단에서 악수를 나눔으로써 협력하는 모습을 공식적으로 보이는 것도 유용한 관행이다. 이런 관행은 하찮은 것이 아니다. 왜냐하면 성경적인 감독이 이루어지고 있다는 것과 개척 교회 출석자들이 모교회의 멤버십에 소속된다는 것을 알려주는 중요한 역할을 하기 때문이다.

또한 교회 개척자는 새로 멤버가 되고자 하는 자들이 멤버십 서약을 하기 전에 그 서약의 구속력을 충분히 이해할 수 있게 알려주어야 한다. 교회 개척자나 모교회의 목사가 진행하는 새신자 반에서 이를 교육시키고, 멤버십 인터뷰 시간에 장로들이 이를 다시 강조하는 것이 바람직하다. 교회마다 정관에 따라 차이가 있을 수 있지만 개혁교회에서 한 멤버의 멤버십이 종료되는 경우는 대체로 다음 네 가지 중 하나임을 설명해주어야 한다. (1) 당회가 URCNA와 협력 관계에 있는, 북미개혁파장로교회협의회(NAPARC) 내의 어떤 개혁교회나 장로교회로 멤버십을 이전시킬 경우. (2) 멤버가 사망한 경우. (3) 멤버를 출교시키는 경우. (4) 권징과는 무관하게 다른 기독교 교회로 보내는 경우. 교회 개척자는 멤버가 되고자 하는 이들에게 이 세부 사항들을 자세히 설명해주어야 한다. 그럴 때 새 멤버들은 자신이 서약하고 교회에 합류하는 것이 무엇을 뜻하는지를 보다 충분히 이해하게 된다.

당회에 복종하며 자체 교회에서 장로들이 임명될 날을 기다리는 개척 교회 멤버들을 교회 개척자는 최선을 다해 격려해야 한다. 그는 그들이 개척 교회에 몸담음으로써 어느 정도의 위험을 감수하고 있으며 또한 다소 불안정한 상황에 놓여 있다는 사실을 기억해야 한다. 지혜로운 교회 개척자는 교인들의 필요를 목자의 눈으로 살피며, 조직화된 교회를 이룰 때까지 당회와 긴밀한 관계를 유지할 것이다.

성례

성례는 개척 교회 멤버들을 교육하는 매우 유용한 수단이다. 세례를 목격하며 성찬을 기념함으로써 신자의 믿음이 강화된다. 더욱이, 개척 교회 성례의 집례는 감독하는 당회가 수행하기 때문에,

개척 교회의 참석자들은 예배 중에 적절한 감독이 이루어지는 것을 볼 수 있다.

당회는 개척 교회에서 성례를 어떻게 행할 것인지를 정해야 한다. 성찬식 횟수, 성찬 참여 자격, 성찬식을 위한 준비 사항 등을 정해야 한다. 성경과 교회 헌법의 지시 안에서 그리고 장로들의 허락하에 진행하는 한, 당회는 개척 교회의 성례를 모교회의 방식과 완전히 일치시키지 않을 수도 있다. 개척 교회의 성례에 관한 정책(policy)을 정함에 있어, 당회는 "회중의 건덕에 가장 도움이 되는 방식"으로 모든 것을 도모해야 한다(교회 헌법 46조).

교회 조직화를 위해 필수 기준

개척 교회가 단계 IV로 진전하여 공식적인 URCNA 회중으로 조직화되려면, 세 가지 주요 기준이 충족되어야 한다.

1. 충분한 규모

조직화되기에 충분한 인원수가 어느 정도인지 정확히 정해져 있진 않지만, 개척 교회가 조직화되려면 최소한 몇몇 가족보다는 더 많은 인원이 모여야 한다고 보는 것이 옳을 것이다. 성급하게 조직화하면 실패의 위험이 따른다. 예컨대, 만일 서너 가족으로 조직화된 교회를 구성한다면, 한두 가족이 다른 곳으로 이사할 경우에 어떻게 되겠는가? 주님이 더 많은 가족들을 보내주시지 않는 한, 그 교회는 재정적인 문제로 무너질 가능성이 크다. 반면에, 열 가정 이상의 헌신적인 가정들로 구성되어 있다면 개척 교회는 인원 감소를 더 잘 견뎌낼 것이다.

인원이 아직 부족하다면, 당회와 교회 개척자와 운영위원회는 조직화를 너무 서두르지 않도록 주의해야 한다. 더 많은 가족을 보내주실 것을 주께 기도하며 인내심을 갖고 기다려야 한다. "나는 심었고 아볼로는 물을 주었으되 오직 하나님께서 자라나게 하셨나니"라는 (고전 3:6) 사도 바울의 말을 기억하라. 동시에, 개척 교회는 지역사회에 지속적으로 복음을 증언해야 한다.

2. 재정적 안정

개척 교회가 조직화되기 전에 이미 재정적으로 자립하는 것이 이상적이다. 교인들이 회중으로서 성숙해지려면, 성경이 지시하는 대로 헌금에 충실하고, 목사를 지원하고, 모임 장소를 위한 대출 이자나 임대료를 지불하며, 회중 가운데서 궁핍한 이들을 외부 도움 없이 도울 수 있어야 한다. 따라서 개척 교회는 재정적 자립을 가능한 한 빨리 도모해야 한다.

3. 직분에 적합한 남자들

주님이 직분을 맡을 자격을 갖춘 사람들을 주시기 전까지는 개척 교회가 교회로서 조직화되지 못한다. 처음부터 당회와 핵심 그룹과 교회 개척자와 모교회는 직분을 맡은 사람들을 하나님이 공급해주실 것을 열심히 기도해야 한다. 교회 개척자와 당회가 잠재적인 지도자들을 찾아내고 격려하며 양육해야 한다. 앞에서 말했듯이, 이런 일이 진행되는 과정에서 종종 운영위원회가 함께 한다. 이 일을 통해 교회 개척자와 당회는 잠재적인 직분자들의 특성과 역량을 목격할 수 있는 좋은 기회를 얻게 된다. 아울러, 교회 개척자 및 또는 당회는 직분자 훈련 과정을 마련하여 잠재적 지도자를 가르쳐야 한다.

교회 개척자와 운영위원회와 더불어 당회는 전술한 세 가지 요소인 충분한 규모, 재정적 안정, 직분에 적합한 남자들이 갖춰졌는지 살펴보고 이를 다 함께 확신한다면, 이제 단계 IV로 나아갈 준비가 된 셈이다.

제직회는 지명된 남성들에게 관심을 기울일 기회를
개척 교회 멤버들에게 줄 수도 있다.
이 남성들이 아직 직분을 위한 훈련을 받지 못했을 경우에는,
가능한 빨리 훈련을 실시한다.
선거 전에 훈련을 실시하는 것이 바람직하다.

4장
단계 IV: 조직화된 교회 세우기

단계 IV의 목적은 개척 교회를 URCNA 내의 조직화된 교회로 전환하는 것이다. 이것은 대개 여덟 단계를 거친다.

1단계: 노회의 조언을 요청하라

교회 헌법 22조에 따라, 당회는 개척 교회에 직분자들을 세워 조직화하기 전에 먼저 노회의 조언을 구해야 한다. 물론 이때 비로소 처음으로 노회의 조언을 구하면 안 되며 이전에도 조언을 구했어야 한다. 앞에서 말했듯이, 당회는 일찍이 단계 I에서 노회의 조언을 구해야 하며 그들을 교회 개척에 관여시켜야 한다. 노회는 개척 교회가 조직화된 교회로 될 때까지의 전체 여정 내내 그 성장해 가는 모습을 잘 파악하고 있어야 한다. 그들은 감독하는 당회와 더불어 새로운 교회를 세우는 짐을 가급적 많이 져야 한다. 이렇게 노회와 긴밀히 협력하는 중에, 조직화하기에 알맞은 시점이 되었다는 판단이 들면 당회는 특별히 노회의 조언을 구한다. 개척 교회를 URCNA 회중으로 조직화하려는 당회의 생각에 노회가 동의한다면, 당회는 다음 단계로 나아갈 준비가 된 것이다.

2단계: 직분을 맡을 남자들을 후보로 지명하여 훈련하라

교회 헌법 12조에 따라, 모교회의 제직회는 개척 교회 남성 멤버들 가운데 직분을 맡기 위한 성경적인 자격 요건을 만족시키는 직분자 후보들을 지명하여 서명 양식에 동의하게 해야 한다. 제직회는 지명된 남성들에게 관심을 기울일 기회를 개척 교회 멤버들에게 줄 수도 있다. 이 남성들이 아직 직분을 위한 훈련을 받지 못했을 경우에는 가능한 빨리 훈련을 실시한다. 선거 전에 훈련을 실시하는 것이 바람직하다.

3단계: 장로들과 집사들을 선출하라

당회는 개척 교회 사람들만 참석하는 특수한 공동의회를 연다. 물론 그들은 아직 모교회의 멤버십을 가지고 있다. 이 회의에서 직분을 위해 지명된 남자들이 입후보하여 선거가 실시된다. 자체의 직분자들을 선출하는 것은 새 회중으로 성숙해지는 뜻깊고 중요한 단계이다.

4단계: 새로 조직화된 교회로 멤버십을 옮기라

모교회의 멤버십을 지닌 개척 교회 사람들은 자신의 멤버십을 새 교회로 옮겨줄 것을 당회에 요청해야 한다. 모든 멤버들의 이름과 서명이 기재된 명부를 멤버십 이전 요청 편지에 첨부하여 감독하는 당회의 사무원에게 송부할 수 있다. 멤버십이 이전되는 멤버들 모두가 해당 사정을 잘 알 수 있도록 교회 개척자와 당회가 충분히 설명해주어야 한다.

5단계: 안수식 및 임직식을 거행하라

새 직분자들이 뽑히고 멤버십이 이전된 후에, 임직식을 거행해야 한다. 당회가 이 예식에 참석해야 한다. 이 예식은 새 회중이 새로 뽑힌 지도자들의 임직 선서와 그들에게 맡겨진 책무에 대해 들을 수 있는 중요한 기회이다. 또한 이 예식은 그들이 새 회중으로서의 책무를 받아들이고 하나님의 신실하심에 감사드리는 기회가 될 것이다.

6단계: 정관을 제정하라

새로 형성된 당회는 가능한 한 빨리 정관을 제정해야 한다. 대부분의 경우에, 이 정관은 교회가 법적인 주체로 설립되고 정부로부터 비영리단체로 인정받는 데 필요한 문서가 된다. 또한 정관은 당회가 URCNA의 여러 원칙들을 새 회중의 구체적인 상황에 적용하도록 도와준다. 모교회의 당회는 필요할 경우에 새 직분자들의 정관 작성을 도와주어야 한다.

7단계: 은행계좌를 개설하고 비영리단체 등록을 하라

새로 형성된 당회는 교회 은행계좌가 아직 없을 경우에 그것을 개설해야 한다. 교회는 정부 관청에 비영리기관으로 등록하는 것을 고려해야 한다. 모교회의 당회는 필요할 경우에 이 일을 도와주어야 한다.

8단계: 목사를 청빙하라

목사 청빙이 아직 이뤄지지 않은 상태라면, 새로 구성된 제직회는 목사 청빙을 최우선 과제 중 하나로 삼아야 한다. 당회는 목사 후보자를 위한 재정을 마련하고(교회 헌법 14조) 목사를 구하기 시작해야 한다(교회 헌법 6-8조). 모교회의 당회는 필요할 경우에 이 일을 도와주어야 한다.

교회 개척자는 교회의 사명이 무엇인지
바르고 명확하게 인식해야 하고
그 사명에 초점을 맞추어야 한다.
이에 실패하면
교회 개척자 자신이나 개척 교회에
엄청난 해를 끼치게 된다.

5장
교회 개척자들을 위한 조언

교회를 개척하는 사역은 흥미진진하고 기쁜 일이다. 이 일에 종사하는 사람은 특정한 지역에서 예수 그리스도의 새로운 회중이 형성되는 것을 보는 특권을 갖는다. 이 새로운 회중이 형성됨으로써 죄인들이 구원받아 하나님을 예배할 수 있게 되며 이 세상에서 하나님의 나라는 확장된다. 교회 개척자는 계속해서 새로운 사람을(새신자 포함) 알게 될 것이며, 계속해서 새로운 선교적 시도를 하게 될 것이다. 이 모든 일은 흥미진진함을 더해준다. 그러나 교회 개척자가 이 많은 축복들을 누린다고 해서 교회 개척에 거의 항상 수반되는 큰 어려움과 잠재적인 위험과 많은 실망을 망각하는 비현실적인 생각에 빠져서는 안 된다.

교회 개척자의 사역은 보통의 지역 교회 목사의 사역과 많은 부분 공통된다. 기도, 공부, 가르침, 복음전도, 제자화, 행정, 예배 등의 일이다. 하지만 그는 이 모든 사역 외에도 기성 교회 목사가 좀처럼 하지 않는 다른 많은 일들도 수행해야 한다. 예를 들면, 새로운 회중의 기초를 놓는 일, 그 기반 시설과 교회 정책과 예배 의식과 목회와 회중으로서의 삶의 모양을 형성하는 일, 첫 지도자들을 임명하고 훈련하는 일, 그리고 (청소로부터 전문기술적인 부분에 이르기까지) 여러 가지 실제적, 행정적 문제들을 부단히 챙기는 일 등을 해야 한다. 감독하는 당회가 어느 정도까지는 그를 안내하며 도울 것이다. 또한 주님이 개척 교회 내에 유용한 일꾼들을 세워주실 것이다. 하지만 그 사역의 대부분은 교회 개척자의 몫으로 떨어질 것이다. 그는 교회 개척 사역에서 목회의 어려움이 실질적으로 배로 증가함을 곧 알게 될 것이다.

한편, 교회 개척자가 미리 대비해야 할 독특한 위험들도 있다. 그의 가르침과 설교를 듣고 모이는 소수의 신자들은 외부의 공격과 내적인 부패성에 매우 취약할 것이다. 이리와 위선자들이 다가올 것이며, 그들의 목적은 그리스도의 몸을 세우는 것이 아니다. 교회 개척자가 자신의 사역에 너무 몰두하는 바람에 악한 자(마귀)가 그의 가정에 불화와 악감정의 씨를 쉽게 뿌릴 수도 있다. 개척 사역은 극히 어려우며, 자체적으로 매우 힘들 뿐만 아니라 그 상대적 소규모성과 미성숙성은 실제적인 위험들을 낳는다.

끝으로, 대체로 개척 사역은 실망스런 일들을 많이 수반한다. 한동안 출석하던 사람들이 모습을 보이지 않는다. 여러 차례에 걸쳐 재정적인 지원이 걱정스러운 수준으로 떨어질 수 있다. 어떤 노력들은 결실을 맺지 못할 것이다. 교회 개척자가 원하는 만큼의 결실을 교인들 가운데서 결코 거두지 못할 수도 있다. 더욱이 교회 개척이 단지 수년 동안만 지속되다가 중단될 수도 있다. 그런가 하면, 조직화된 교회가 세워지기 위해 여러 해가 걸릴 수도 있고, 그 때 가서 교회 개척자가 새로운 목사에게 길을 열어주고 교회를 떠나야 할 수도 있다.

이 사역에 종종 큰 어려움과 실망이 따르는 것을 고려할 때, 교회 개척자는 특출한 은사와 체력에 더하여 풍성한 믿음과 겸손도 지녀야 한다. 종으로서의 소명을 매일 겸손히 명심할 필요가 있다. 또한 죄인들을 거듭나게 하시며, 자신의 양들을 거룩하게 보존하시며, 또한 기뻐하시는 뜻에 따라 그 양들의 수효를 늘리시는 전능하신 하나님을 의지해야 한다. 만일 교회 개척자가 진정으로 겸손하다면, 그는 앞서 간 사람들의 조언과 지금 함께 협력하는 사람들의 조언에도 귀를 기울일 것이다. 본장의 나머지 부분에서는 교회 개척자들이 어떤 사람이 되고 어떤 종류의 일을 하여야 자신의 소명을 신실하고 효과적으로 감당할 수 있는지를 생각해보고자 한다. 교회 개척자들이여, 주의를 기울이라![2]

교회의 사명에 대한 열정적인 헌신을 유지하라

교회 개척자는 교회의 사명이 무엇인지 바르고 명확하게 인식해야 하고 그 사명에 초점을 맞추어야 한다. 이에 실패하면 교회 개척자 자신이나 개척 교회에 엄청난 해를 끼치게 된다. 개척 과정 전반에 걸쳐 교회의 사명에 대한 명확한 헌신을 유지하지 못하면, 교회 개척자는 쉽게 길을 잃고 본질적인 것보다 엉뚱한 데 시간과 에너지를 허비할 것이다. 또한 장차 교회가 조직화되더라도 왜곡된 정체성을 지니게 될 가능성이 다분하다.

교회 개척자로서, 당신은 무엇보다도 그리스도의 교회의 사명이 무엇인지 확실히 정립할 필요가 있다. 개척 교회가 자체의 사명 선언문을 작성할 때, 그 내용이 부활하신 주 예수께서 그분의 교회에게 주신 사명과 다르거나 심지어 그 사명을 다른 것으로 대체해서는 안 된다. 당신의 사명은 제자를 삼는 것이며 또한 하나님이 지정하신 방편들을 기도하는 마음으로 신실하게 사용하여 그들을 성숙하게 자라게 하는 것이다(마 28:18-20). 이것은 우리 주님이 그분의 교회에게 주신 사명이며, 모든 교회 개척을 처음부터 규정하고 이끌어야 하는 사명이다. 만일 당신의 목표가 충분한 제자들이 모여서

---

2. 이 자료의 많은 부분이 *Planting an Orthodox Presbyterian Church* (Willow Grove, PA: Committee on Home Mission and Church Extension), 제4장, p. 53-75, "Doing the Work of an Organizing Pastor"에서 영감을 받은 것이다.

회중이 자립하고 조직화될 때까지 예배를 인도하는 것뿐이라면, 설령 회중이 형성되더라도 그것은 매우 건강하지 않은 회중일 가능성이 많다. 개척 교회란, 다른 모든 참된 교회와 마찬가지로, 하나님께 성경적인 예배를 즐거이 드리고(벧전 2:4-10), 죄인들을 불러 그리스도를 통해 하나님과 화해시키는 하나님의 대사로서 섬기고(고후 5:18-21), 이 제자들을 기독교 신앙 안에서 하나님과 서로에 대한 사랑 안에서 세워서 머리이신 예수 그리스도의 성숙한 지체가 되게 하기 위해(엡 4:11-16; 골 1:27-29) 존재한다. 교회의 정체성과 교회의 사명이 무엇인지 항상 명확해야 한다.

또한 당신과 개척 교회가 행하는 모든 일은 반드시 교회의 사명에 철저히 헌신되어야 한다. 사람들을 그리스도의 제자로 삼고 영적으로 성장시키는 이 사명을 교회의 사명선언문으로 표현하고, 교인들 앞에서 부단히 밝히고, 교회 개척자로서 일하는 모든 수고의 기준으로 삼고, 직분을 위해 훈련시키는 리더들에게 주지시키며, 개척 교회에서 일어나는 모든 일에서 이 사명이 분명하게 드러나게 할 때에만, 개척 교회를 통해 이 사명이 실현될 수 있을 것이다. 만일 교회 개척자로서 매일 행하는 일이 이 사명에 부합하지 않는다면, 당신은 그 일을 중단해야 할 것이다. 만일 당신의 사역이 이 사명에 기여하고 있지 않다면, 그 사역은 별 의미가 없을 것이다.

교회의 이 같은 사명은 너무나 중요하지만 이를 신실하게 실현하는 일은 몹시 힘들기 때문에, 당신 혼자서는 그것을 수행할 능력이 없다. 당신은 당신이 제대로 역할을 수행하는지 당신을 관찰하고 점검해줄 책임성(accountability) 있는 사람들이 필요하다. 이 때문에 하나님은 감독하는 당회의 장로들을 당신에게 주셨으며(행 13:1-3), 개척 교회를 조직화하는 것이 하나님의 기뻐하시는 뜻이라면 개척 교회 안에 새 장로들도 주실 것이다(행 14:23). 모교회의 장로들은 멀리서라도 이 일을 위해 당신과 부단히 협력해야 한다. 처음부터 교회의 사명에 대한 명확한 헌신을 그들과 더불어 공유하고, 당신이 그 사명에 충실하고 있는지 점검해주게 하고, 당신의 사역 대상인 사람들을 제자화하는 일에 그들이 계속해서 개인적 관여를 유지하게 하라. 끝으로, 안수받은, 완벽하게 준비된 종들이 직분을 맡기 위해 갑자기 개척 교회에 나타나기를 기다리지 말라. 자체적으로 처음부터, 당신은 그리스도와 사람들을 뜨겁게 사랑하는 성숙한 사람들을 물색해야 한다. 당신은 자신을 주로 이사회 멤버로 여기는 장로들(또는 집사들)을 원하지 않는다. 그런 직분자들은 이사회 회의에만 도움이 될 뿐이다! 가능한 한 빨리, 교회 직분자로 섬길 수 있는 은사와 영적 자격을 지닌 사람들을 식별해내고 직분을 사모하게끔 도전하고 장로와 집사의 개인적이며 영적인 사역을 감당할 수 있도록 그들을 훈련하라. 당신을 도와 개척 교회의 사명을 유지하는 일에 그들을 일찌감치 관여시켜라. 복수의 리더는 기성 교회에도 필수적이지만, 조직화되는 날을 준비하는 교회 개척의 힘든 사역에도 큰 도움이 된다.

하나님의 사람으로서 성장하는 일에 매일 전념하라

만일 당신이 개인적으로 그리스도를 꽉 붙들지 않고, 그분 안에서 더 성숙해지는 것을 열렬히 추구하지 않는다면, 제자를 삼고 성숙하게 하는 임무를 감당할 수 없을 것이다. 만일 당신이 그리스도의 말씀을 계속 섭취하지 않고, 그분과 그분이 행하신 모든 일들 안에서 안식을 누리지 못하며, 또한 삼위일체 하나님과 구주의 은혜를 체험하지 못한다면, 교회 개척자로서 하나님과 다른 사람들을 섬기는 일은 곧 시들해지고, 거짓이 되며, 또한 자신과 다른 사람들에게 해를 끼치게 될 것이다. 모든 말씀 사역자들이 해야 할 첫 번째 일이 기도임을 기억하라(행 6:4; 교회 헌법 2조).

하지만 하나님께 올리는 기도를 성공적인 교회 개척이라는 목표를 달성하기 위한 유용한 방편쯤으로 생각해선 안 된다. 그것은 참되신 하나님을 향한 사랑을 사역에 대한 사랑과 맞바꾸는 우상숭배적인 생각이다. 근본적인 소명은 당신 자신이 그리스도의 제자와 하나님의 자녀로서 믿음 안에서 자라는 것이다. 당신은 자신의 참된 정체성을(교회 개척자라는 사실이 아닌) 오직 그리스도 안에서 발견해야 한다. 당신은(당신의 스킬이 아닌) 주 하나님 안에서 힘을 찾아야 한다. 당신은(성공이나 성취가 아닌) 삼위일체 하나님의 은혜와 사랑 안에서 기쁨을 찾아야 한다.

교회 개척자로서의 소명에 적합하려면 책망할 것이 없어야 한다(딤전 3:2). 목사 안수를 받았다고 해서 책망할 것 없는 하나님의 사람임이 보장되는 건 아니다. "네가 네 자신과 가르침을 살펴 이 일을 계속하라 이것을 행함으로 네 자신과 네게 듣는 자를 구원하리라"(딤전 4:16). 그리스도를 믿는 능동적인 믿음으로 행하고, 기도 가운데 성령님을 의지함으로써 항상 경건 가운데 행하도록 노력하라. 그리고 당신의 삶 전체에서 일관되게 경건한 성품을 지닌 하나님의 사람으로서의 온전함을 지니려고 노력하라. "악은 어떤 모양이라도 버리라"(살전 5:22). 그리고 "모든 사람 앞에서 선한 일을 도모하라"(롬 12:17). 이것은 직분을 맡기 위한 자격과 관련될 뿐만 아니라, 궁극적으로는 하나님의 거룩하신 이름을 높이는 일 그리고 개척 교회의 안녕과도 관련되는 일이다. 양들이 목자를 따라감을 기억하라.

처음부터 시간 관리에 신경쓸 뿐 아니라 나중에도 지속적으로 시간 관리에 신경써야 한다. 이것은 매주 행해야 하는 엄청난 양의 일로 인해 탈진하지 않기 위해서는 물론이고 당신 자신의 안녕과 삶의 균형을 유지하기 위해 그리고 다른 사람들과의 건강한 관계를 위해서도 필수적이다. 감독하는 장로들의(그리고 배우자가 있을 경우에는 배우자) 도움을 받아서, 다음 사항들을 위해 매주 어느 정도의 시간이 **필요한지를 산정하라: 사역**(교회 개척 및 관련 사람들에게 직접적으로 영향을 미치기 위한 모든 임무들), **휴식**(매일 밤의 적절한 수면은 물론이고 편안하게 쉬는 것과 독서와 운동까지 포함), **봉사**(지역사회 사람들을 위한 매주의 봉사), 그리고 끝으로 결코 덜 중요하지 않은 당신의 가족(비번일이나 휴가일의 상당한 부분은 물론이고 매일 여러 시간을 함께할 것을 요구할 자격이 있음). 이러한 부분들이 오래도록 무시되면, 당신은 물론이고 당신의 가족과 당신의 사역도 어려움에 직면할 것이다. 균형잡히고 실행가능한 스케줄에 따라 시간을 관리하기 위해, 매년의, 매월의, 매주의, 그리고 매일의 계획을 세우려고 노력하라. 물론 당신은 하나님만이 당신의 시간을 컨트롤하시며 또한 그분이 당신의 계획된 스케줄에 여러 가지 일들이 끼어들게 허용하시는 것을 겸손히 받아들여야 한다.

교회 개척자들은 그리스도의 제자로서 배움과 성장에 지속적으로 헌신해야 한다. 당신을 경건한 사람으로 그리고 훌륭한 교회 개척자로 성장하도록 도와줄 사람들의 가르침을(인쇄물과 오디오를 통해서든 직접적인 만남을 통해서든) 주기적으로 받는 습관을 들이라. 당신이 교회 개척을 처음으로 하는 사람이 아님을 늘 명심하라! 당신이 속한 교단만이 아니라 여러 다른 교단들에도 관련 자료들이 풍부하다. 겸손하고 지혜롭게 그것들을 잘 활용하라. 당신이 어느 부분에서 더 성장할 필요가 있는지 그리고 다른 사람들과 어떻게 의사소통하고 있는지 자신의 모습을 볼 수 있도록 도와줄 사람들의 명단에, 당신의 아내(아내가 있을 경우)와 감독하는 장로들과 개척 교회 내의 몇몇 성숙한 사람들을 모두 포함시켜야 한다. 그러나 당신을 잘 알고 교회 개척 사역을 이미 해본 목회 멘토에게서 특히 큰 도움을 얻는다. 당신의 가족과 풋내기 교인들을 돌보느라 바쁘겠지만, 몇몇 가까운 사역 동료들과 꾸준히 교류하고, 다른 사람들이 주기 힘든 도움과 조언을 해줄 사람을(연배나 성숙도나 경험면에서 선배인 사람이 좋을 것이다) 겸손히 물색하라.

당신의 삶에서 특별한 관심을 기울일 필요가 있는 영역을 하나만 꼽는다면, 그것은 당신의 가족을 사랑으로 섬기며 그들과 함께하는 것이다. 당신은 개척 교회 교인들을 돌보는 주님의 하위목자이지만, 그들 중에 누가 당신의 아내와 자녀보다 당신에게 더 소중할 수 있겠는가? 이 소중한 가족에게 결코 찬밥 대우를 하지 말라. 당신의 아내에게 당신이 아내와 결혼했다고 느끼는지 아니면 개척 교회와 결혼했다고 느끼는지를 자주 물어보라(그리고 다른 사람들더러 당신의 아내에게 물어보게 하라). 당신의 사역에 좀 더 많은 관심을 기울이기 위해 가족과 함께하는 시간을 희생해야 한다는 생각이 들 수도 있다. 이따금 그래야만 하는 경우가 있지만, 그것을 표준으로 삼아선 안 된다. 그리스도와 그의 교회를 위한 당신의 수고는 가족을 위한 사랑의 수고보다 결코 더 나은 것일 수 없다. "사람이 자기 집을 다스릴 줄 알지 못하면 어찌 하나님의 교회를 돌보리요"(딤전 3:5). 하나님의 진리로 가르치며 지도함으로써, 하나님을 즐겁게 예배하도록 그들을 인도함으로써, 그리고 가정에 경건하고 따뜻한 분위기를 조성함으로써 매일 당신의 가족을 목양하라. 당신의 가장 강력한 가르침은, 특히 가정에서의 당신의 삶의 방식을 통해 나옴을 자각하라. 하나님을 향한 일관된 믿음과 다른 사람들을 위한 사랑의 본을 먼저 가족에게 보여야 함을 늘 명심하라. 가족과 함께 할 스케줄을 확실하게 잡고, 그것을 꼭 지키라. 그리고 그들을 사랑하고, 보호하고, 그들과 함께하는 시간을 즐기고 그들에게 사랑과 관대함과 자비를 아낌없이 베풀면서 그 시간을 잘 활용하라.

각각의 양을 알고 섬기는 방식으로 목양하라

당신은 당신의 아내나 자녀와 특별히 친밀하며 그들에게 애정을 가져야 하지만, 가족들을 목회적으로 돌보는 것은 사실 개척 교회 내의 각 교인을 돌보는 목회적 돌봄의 일부분이다. 당신은 예수 그리스도의 새 회중을 세우는 독특한 소명을 지녔으며, 이 소명은 복음 전도와 행사 준비와 공부와 가르침과 설교에 주의를 집중할 것을 요구할 것이다. 그러나 당신은 주님이 당신에게 맡기신 영혼들 각자의 목회자이기도 함을 기억하라. 당신은 "유모가 자기 자녀를 기름과 같이" 그리고 "아버지가 자기 자녀에게 하듯" 각 사람을 돌봐야 한다(살전 2:7,11).

당신은 설교단에서 건전한 자양분을 공급하기 위해 열심히 일함으로써만이 아니라 집집마다 다니면서 그들 각자에게 하나님의 뜻을 모두 선언함으로써 당신이 그들을 진정으로 사랑한다는 것을 그들이 알게 하여야 한다(행 20:20,27). 이러한 개인적인 가르침이 효과적이기 위해서는, 당신은 주님의 양들을 아는 목자여야 하고 그들은 그들 각자에게 기울이는 당신의 관심과 동정심과 섬김을 통해 당신이 그들을 정성껏 목양한다는 사실을 알아야 한다. 주일에 참석하는 모든 이들을 친절하게 대함은 물론이고, 그들을 당신의 집에 초청하고 그들의 집이나 일터로 방문하는 것을 습관화함으로써 그들 각자를 알려고 노력하라. 그렇게 하자면 지속적이며 의도적으로 계획과 스케줄을 잡고 실행에 옮겨야 하겠지만, 이 일은 그런 노력을 기울일 가치가 충분하다. 당신이 교인들 각자를 개인적으로 알려고 노력하며 그들에게 어려움이 닥칠 때 시기적절한 관심을 기울여야만 그들을 잘 목양할 수 있다. 이런 노력을 통해 마침내 당신은 그들의 신뢰받는 친구가 될 것이며 그들이 기꺼이 따르는 상담자가 될 것이다. 물론 개척 교회의 각 사람을 이처럼 개인적으로 알고 접촉하면 당신의 설교의 효과도 훨씬 더 좋아질 것이다.

개척 교회에 출석하거나 그 일원이 된 사람들 각자에게 자애로운 영적 부모가 된다는 것은, 그들로 하여금 교회 가족의 삶 안으로 들어와 다른 교인들의 사랑과 섬김을 받게 하며 또한 다른 교인들의 유익을 위해 하나님으로부터 받은 은사들을 활용하게 하는 것도 의미한다. 하지만 매우 실천적인 이 일들에 덧붙여, 당신은 비실천적이며 즉각적인 결과를 거의 내지 않는 것처럼 보이는 일에 특별히 전념해야 한다. 그것은 바로 기도이다. 각각의 양들의 영혼을 위해 기도하는 일은 당신의 소명의 중요한 부분이다. 교인들과 함께하는 시간보다 책과 함께하는 시간을 더 좋아하는 목사는 기도를 자주

하지 않고, 하더라도 마지못해 하거나 기도 시간을 멍하게 보낼 것이다. 개척 교회의 일원이 된 사람들 각자를 위해 많이 기도할 시간을 마련하라. 그리고 그 기도가 정기적이고, 개인적이고, 구체적이되려면, 교인들에게 다가가고 그들 각자에게 진심어린 관심을 가지며 종종 그들과 함께 기도하라.

잃어버린 죄인들을 섬기며 전도하기에 충분할 정도로 그들을 사랑하라

교회 개척자로서, 당신은 목사-교사(pastor-teacher)이자 전도자이기도 하다(딤후 4:5). 당신의 소명은 그리스도를 통해 하나님과 화목하라고 죄인들을 촉구하는 하나님의 대사가 되는 것뿐만 아니라 개척 교회의 성도들을 구비시켜 그들이 삶 속에서 그리스도를 증언하게 하는 것이기도 하다(빌 2:14-16). 당신은 죄인들더러 그들의 죄를 회개하고 그리스도를 믿도록 정기적으로 복음을 설교해야 할 뿐 아니라, 교인들을 훈련시켜 그들이 그리스도의 증인이 되게 해야 한다. 즉 교인들이 신앙에 대해 변호하고 사랑으로 타인을 섬김을 통해 믿음을 권하고 이웃 사람들에게 매력적인 방식으로 진리를 나누는 법을 배우게 해야 한다.

이와 관련하여 당신의 모든 설교와 가르침이 참으로 중요한 것처럼, 당신은 지역민들의 삶과 연결되고, 구원받지 못한 사람들에게 다가가고, 그들의 친구가 되며, 그들을 섬기고, 그들에게 복음을 전하는 것을 일상적이고 분명한 실천이 되게 해야 한다. 당신의 그와 같은 생활방식이 교인들에게 본보기가 되어야 하며, 그리스도의 사랑에서 비롯된 타인에 대한 사랑으로 인해 복음을 매력적으로 보이게 만들어 퍼뜨리는 필수불가결한 방편이 되어야 한다. 당신이 섬기는 개척 교회는 다른 교회에 계속 남아 있을 수 없는 기존의 신자들을 위한 대안으로서 주로 존재한다는 식의 태도를 지녀선 안 된다. 그런 식의 태도를 지닐 경우에 인원수는 어느 정도 늘어나겠지만, 당신의 교인들은 개척 교회가(다른 모든 교회들도 마찬가지이지만) 기존 제자들을 끌어들이라는 부르심 대신에 가서 새로운 제자들을 만들라는 부르심을 받고 있음을 알아야 한다. 개척 교회가 잃어버린 죄인들을 사랑으로 섬기며 복음을 증언할 때 주 예수님이 교회 인원수를 늘어나게 하실 것을 우리는 기대해야 한다.

교회 성장에 대해 교인들을 지속적으로 가르치는 것이 중요하다. 교회의 수적 성장에 대한 관심이 탐욕과 경쟁과 성공 욕심에 뿌리를 둔 죄악된 것일 수 있다. 반면에, 수적 성장에 대한 관심이 주님을 예배하는 구속받은 죄인들이 늘어남으로써 주님께 영광 돌리기를 바라는 경건한 소원에 뿌리를 둔 것일 수도 있고 마땅히 그래야 한다. 수적 증가에 대한 관심과 그것을 위한 준비가 그리스도인으로서 더 성숙해지고 하나님께 더욱 신실해지기 위해 필수적임을 교인들에게 가르치라. 만일 하나님께서 "모든 사람이 구원을 받으며 진리를 아는 데에 이르기를" 원하신다면(딤전 2:4), 하나님의 자녀는 하나님이 원하시는 것을 공유해야 하며, 이웃을 향한 사랑의 섬김을 통해 그리고 구원받지 못한 이들을 불쌍히 여기는 마음으로 담대히 증언함을 통해 그 마음을 표현해야 한다. 당신 자신의 신실함으로 교인들 앞에서 본을 보이라. 그리고 결과는 주권자이신 하나님과 구주께 맡기도록 그들을 가르치라. 하나님은 우리의 불완전한 이웃 사랑과 우리의 부족한 증언을 통해 사람들을 그분의 나라로 이끄시는 것을 기뻐하신다.

효과적으로 말씀을 전하는 종이 되려고 노력하라

교회 개척자는 목사-교사, 곧 말씀 사역자이다. "만일 복음을 전하지 아니하면 내게 화가 있을 것이로다"(고전 9:16)라고 바울은 말한다. 그는 유일한 참된 복음 이외의 것을 전하면 저주를 받는다는 것을 알고 있다(갈 1:8-9). 복음을 전하는 것은 그의 의무이지만, 그는 그 일을 행복해 하며 갈망한다. 왜냐하면 모든 믿는 자들을 구원하시는 하나님의 능력인 복음을 선포하는 것은 그의 특권이기 때문이다(롬 1:14-16). 그러므로 교회 개척자로서 당신은 다른 이들에게 진리를 충실히 전할 수 있도록 많은 시간과 에너지를 성경공부에 할애해야 한다. 그러나 진리를 적절히 공부해서 분명하게 전하기만 하면 소명을 완수하는 것이라고 생각하지 말라.

효과적인 말씀 사역자가 되려면, 당신은 하나님 말씀이 실제로 사람들에게 닿고 있고 그들의 마음을 새롭게 하여 그들의 삶을 변화시키고 있는지 항상 유의해야 한다(롬 12:1-2). 효과적인 사역을 위해서는, 성령의 은혜를 통해 모두가 "하나님의 아들을 믿는 것과 아는 일에 하나가 되어 온전한 사람을 이루어 그리스도의 장성한 분량이 충만한 데까지"(엡 4:13) 이르도록 성도들을 구비시키기 위해 말씀 사역에 전념해야 한다. 당신 자신과 당신이 전하는 가르침을 살피고 점검해야 하지만, 양들에게도 관심을 기울여 그들이 말씀을 잘 먹고 성장하고 있는지 지속적으로 살피며, 하나님 나라의 말씀이 그들의 삶 속에서 열매 맺어 하나님을 기쁘시게 하는지 살펴야 한다(마 13:18-23). 진리를 믿고 그 안에서 행하도록 그리스도의 양들을 효과적으로 가르치는 데 유용한 몇 가지 사항들을 소개하면 다음과 같다.

믿음과 회개 안에서 행하기 위해 유익한 하나님 말씀 중에서 하나도 빠뜨리는 일 없이 하나님의 모든 뜻(whole counsel of God)을 성도들에게 선언해야 한다(행 20:20-21,27). 그러나 하나님이 죄악된 심령들을 거듭나게 하사 그리스도의 말씀을 통해 그들을 믿음으로 이끄시고(롬 10:17), 이 믿음이 동일한 말씀을 통해 자양분을 공급받고 유지되려면(고전 2:2-5; 롬 12:1-2; 엡 4:11-16), 모든 성경으로부터 그리스도와 그분의 복음을 설교해야 한다는 사실은 너무나 중요하나(눅 24:27). 이 임무를 위해 당신은 무엇을 설교하며 가르칠 것인지 이에 관한 스케줄을 미리 주의 깊게 짤 필요가 있다. 그럴 때 하나님의 양들에게 균형 잡힌 말씀 식단을 제공할 수 있다. 당신은 당신이 가장 좋아하는 교리들과 성경의 책들을 통해 가르치겠지만, 자신이 흥미 있는 것들에 사로잡히는 일을 피해야 한다. 하나님의 자녀는 정기적으로 건전한 복음 설교를 섭취하고 하나님의 모든 뜻 아래에서 훈련받을 때에만 성숙해질 것이다.

이와 관련하여 가장 유용한 것은, 개척 교회에 관계된 사람들에게 우리의 교리적 표준을 주지시키려고 지속적으로 노력하는 일이다. 우리는 고백적 개혁파 말씀 사역자로서 이 일에 굳게 헌신해야 한다. 처음부터 주일 예배를 두 차례 드리든 그렇지 않든, 당신의 모든 가르침과 설교에, 심지어 개척 교회의 삶 자체에 '하나 되는 세 고백서'를 확실히 적용하라. 모든 새 회심자들과 방문자들이 '하나 되는 세 고백서'를 집어 들고 제대로 이해하면서 읽을 거라고 기대할 수는 없을 것이다. 하지만 그 고백서들을 그들에게 권할 수 있는 좋은 방법을 찾아보라. 모든 이들에게 고백서 복사본을 제공하여 집에서 그것을 활용하도록 독려하라. 이 문서들은 오래된 것임에도 따분하거나 지식적이지 않다. 우리의 교리적 표준들을 지혜롭고 매력적으로 활용함으로써, 우리의 고백적 개혁파 정체성은 단지 전통이나 지식에 불과한 것이 아니라 온전히 충족적인 하나님 말씀에 붙들린 교회가 되는 것임을 교인들에게 확신시키라. 당신이 행하는 모든 일에 이 보화들을 선용함으로써, 개척 교회에 개혁파 정체성을 부여하고 교인들이 하나님의 진리 전체를 꾸준히 그리고 건강하게 섭취하게 하라.

끝으로, 맛있는 말씀의 잔치를 매주 준비하여 하나님의 양들에게 제공하려는 열정을 가지라. 단지 좋은 설교 때문에 사람들이 몰려들어 끝까지 곁에 머물 거라고 생각하지 말라. 그렇지 않을 것이다! 하지만 사람들이 영적 자양분과 성장을 위한 하나님의 은혜의 방편 중 가장 중요한 방편이 설교라는 것을 절감할 수 있게끔 설교 준비에 만전을 기하며 이를 가장 우선시해야 한다. 기회 있을 때마다 성경을 펴서 적용하면서, 매주 모든 날에 매우 실천적인 방식으로 말씀의 종이 되고자 노력하라. 설교 준비를 위한 시간을 확보하고, 철저히 공부하고, 설교 작성 과정에서 간절히 기도하며, 설교 본문 공부에 들이는 정성만큼 설교 방식을 가다듬는 일에도 정성을 들이라. 예수 그리스도는 하늘에서 내려오신 만나이다. 당신은 하나님의 백성에게 이 참된 양식을 공급함에 있어 모세보다 더 열심히 노력해야 한다. 말씀을 설교하되, 그것을 잘 설교하기 위해 많이 기도하고 열심히 공부하라. 아울러, 당신이 설교는 물론이고 전체 예배를 인도하는 방식도 중요하다. 성경 말씀이 풍성하게 사용되는 예배, 사람들이 잘 이해하는 예배, 처음부터 끝까지 매끄럽게 이어지는 예배가 되게 하라. 예배 때 성도들을 잘 인도하는 것은 효과적인 말씀 사역의 매우 중요한 측면이다. 렉스 오란디, 렉스 크레덴디(*lex orandi, lex credendi*, 교회의 예전을 통해 기도하는 법칙이 믿는 법칙이다)라는 어구를 기억하라.

모든 일을 반드시 단정하고 질서 있게 하라

고린도전서 14장 40절에 나오는 바울의 말은 가장 직접적으로는 공예배에 적용되지만, 교회 개척자가 그의 사역 전체를 통해 온전함을 유지하고 교인들과의 화평한 관계를 유지하려면 행정과 의사소통의 갖가지 세부 사항들에도 부단한 관심을 기울여야 한다. 기성 교회에서는 목사가 이 세부 사항들에 어느 정도의 관심만 기울이면 되지만, 교회 개척의 초기 국면에서 당신은 이들 거의 전부를 스스로 처리해야 한다. 이것은 당신이 기대하는 목회의 가장 즐거운 측면이 아니겠지만, 오판하지 말라. 분명히 이것은 교회 개척의 중요한 부분이다. 이 부분에서 부주의할 경우에 교회 개척에 어려움이 따를 것이다. 반면에 세부 사항에 주의를 기울이면, 질서와 화평이 이루어지고 "무질서의 하나님이 아니시요 오직 화평의 하나님"이신 하나님께 영광이 될 것이다(고전 14:33).

예배에 특별한 관심을 기울여야 하지만, 그 외에도 공부, 친교, 계획 세우기, 지역 봉사 활동, 복음전도, 또는 리더십 훈련 등을 위한 다른 모임에도 관심을 기울이라. 분명한 목적을 염두에 두고서, 각 모임에서 어떤 일이 있어야 하는지를 주의 깊게 계획하라. 그래서 가장 생산적이며 주님께 영광 돌리는 모임이 될 수 있게 하라. 개인적인 단정함을 무시하지 말라. 내용물이 중요하지만 그만큼 포장과 전달도 중요하다. 당신의 버릇과 복장과 음성을, 심지어 당신의 기분을 신중히 고려하라. 모든 면에서 당신은 주님을 영화롭게 하며 그분을 잘 반영하는 종이 되려고 노력해야 한다. 물론, 개척 교회에서 안내나 다른 유사한 봉사를 맡은 모든 이들도 이 일에 관심을 기울여야 한다.

회중 안의 의사소통 및 외부인들과의 의사소통도 교회 개척을 위해 매우 중요한 문제이다. 매주의 주보 광고에 덧붙여, 교회 개척자는 여러 형태의 인쇄물(소책자, 소식지 등)은 물론이고 웹사이트와 이메일과 다른 소셜미디어를 통해 소통할 수 있다. 의사소통 형식들 각각의 목적이 무엇인지 그리고 그것을 어떻게 활용하고 운영할 것인지를 당신 자신에게는 물론이고 교인들에게도 확실히 주지시키라. 온라인이나 인쇄물로 발송되는 글에 사용되는 단어를 아무렇게나 채택하지 말고 주의 깊게 선택해서 사용하라. 당신과, 다른 지도자들과, 그리고 교인들 서로 간에 교류할 수 있는 적절한 기회를 교인들에게 부여하라. 교인들은 계속 정보를 얻을 필요가 있고, 어떤 결정이 자신에게 어떤 영향을 미치는지를 알 자격이 있다. 또한 그들은 다른 사람들과 더불어 건전하게 교류할 방법을 필요로 한다. 모두가 사랑 안에서 진리를 말해야 한다(엡 4:16).

행정과 관련한 또 다른 핵심 요소는 모임 장소에서의 질서와 건전함이다. 교회가 단순한 곳이 아님을 명심하라(그리고 다른 이들에게도 명심시키라). 교회는 하나님의 백성이 그분을 섬기려고 모이는 곳이다. 모든 준비와 뒤처리는 물론이고, 정결함과 기능성, 안전과 안락함, 화장실 이용의 편리성과 어린아이 관리, 음식과 음료, 품위 있고 적절한 실내장식, 음향과 조명 등도 중요한 고려 사항들이다. 이 항목들 중에서 당신의 마음에 흡족하지 않은 것들이 많겠지만, 질서를 잘 유지할 수 있는 적절한 방안을 마련하라. 한마디로, 개척 교회에 관련된 모든 것은, 당신들이 위대하신 왕을 예배하며 그분의 왕국에 속한 자녀들을 제자화하는, 예수 그리스도의 교회임을 가능한 한 많이 보여주어야 한다.

부록 서문

다음의 부록은 교회 개척자들과 새 멤버들의 유익을 위해 첨부되었다. 흔히 새 멤버들은 개혁교회에 다니는 많은 사람들이 제기하지 않는 중요한 질문들에 대한 대답을 찾으면서 교회에 나온다. 예컨대 다음과 같은 질문들이다. "왜 내가 멤버가 되어야 하는가?" "십일조란 무엇인가?" "개혁파 예배란 무엇인가?" 우리가 다섯 개의 부록을 첨부한 것은 이런 흔한 질문들에 대답하는 교회 개척자를 돕기 위해서이다. 이 부록들을 개별적인 소책자로 만들어 방문자들에게 줄 수도 있고, 방문자 반이나 새 멤버 교육에서 사용할 수도 있다.

그분은 그의 말씀과 성령을 통해서

그분의 백성들을 통치하시며

주로 지역 교회에 임명하신

직분자들을 통해서 통치하신다.

부록 1

교회 멤버십이란 무엇이며
왜 그것이 필수적인가?

"교회 멤버십은 어떤 의미를 갖는가? 나는 이미 그리스도인이며 예수님과 개인적인 관계를 맺고 있는데 내가 왜 교회의 멤버가 되어야 하나?" 우리가 개혁교회를 처음 접했을 때 아마 이런 질문들을 했을 것이다. 교회 멤버십은 많은 사람들에게 낯선 개념이다. 미국 기독교에 팽배한 극단적 개인주의 때문에, 오늘날 많은 사람들이 기성 교회의 멤버십 개념을 시대에 뒤지고, 불필요하며, 심지어 율법주의적인 것으로 여긴다.

또한 교회 멤버십 개념은, "조직화된 종교"를 개인적 "영성"보다 열등하다고 여기는 최근의 통념에 반한다. 전자는 구식으로 폄하되거나 최악의 경우에는 혐오스러울 정도로 편협한 것으로 여겨진다. 반면에 후자는 매력적이고 건강한 것으로 쉽게 받아들여진다. 조직화된 종교는 편협한 교리, 예전적인 관습, 배타적인 전통을 특징으로 하는 매우 특별한 무언가로 여겨진다. 반면에 영성은 대체로 자기 개선이라는 한 가지 공통 목표를 추구하는 매우 다양한 개인적 신념들과 개인적 실천사항들을 아우르는 보편적인 그 무엇으로 이해된다. 이러한 사고방식의 영향으로, 많은 그리스도인들 가시적 교회의 멤버십과 절연하고서도 비가시적 교회의 멤버십을 가질 수 있다고 믿는다.

서글프게도, 상황이 개선되어 가는 것 같지 않다. 공신력 있는 시장조사 기관들에 따르면, 사람들은 기성 교회를 과거의 잔재로 여기고 있다. 소위 전문가들 중에는 장래에 많은 미국인들이 모든 영적 정보를 인터넷을 통해 얻을 거라고 예측하는 이들도 있다. 이것이 사실이라면, 어떤 이들은 (교회 멤버가 되는 것은 고사하고) 개인적으로 얻을 수 있는 영적 유익을 굳이 불편하게도 교회에 참석해서 얻으려고 하지 않을 수도 있다. 그렇다면 왜 개혁교회는 멤버십을 요구하는가? 교회 멤버십이란 정확히 무엇이며 왜 그것이 필수적인가?

교회 멤버십이란 무엇인가

교회 멤버십은 한 가족 또는 개인이 이 세상에 존재하는 그리스도의 가시적인 몸인 교회로 편입되어 교회의 머리이신 예수 그리스도와 맺게 되는 공식적이며 구속력 있는 언약관계이다. 어린양의 생명책에 이름이 기록된 모든 이들로 구성된 비가시적 교회의(계 13:8; 20:15; 21:27) 주인이신 그리스도께서는 땅 위에 가시적인 교회를 세우셨다. 그리고 이 공동체 안에서 하나님의 택함받은 자들이 모이고, 보호받고, 보존된다(마 28:18-20; 하이델베르크 교리문답 54문).

하나님은 타락 직후에 가시적인 교회를 즉시 설립하셨다. 하나님은 여인의 씨를 뱀의 씨로부터 분리하여 그들에게 구원의 약속(창 3:15)을 주시고 연합된 자신의 백성으로 세우셨다. 그 후 하나님은 족장 아브라함 및 그의 후손과 언약을 맺으심으로 그 공동체를 더 확장시키셨다(창 12,15,17장). 하나님은 이스라엘 민족과 가나안 땅 안에서 아브라함에게 주신 약속을 처음 실현시키셨지만 예수 그리스도의 사역에서 보다 온전히 실현시키셨다(갈 3:16,29). 아브라함으로부터 그리스도에 이르기까지 구속사 드라마가 펼쳐지는 동안, 하나님은 그분의 백성을 할례라는 언약적 표지를 특징으로 하는 가시적 언약 공동체로 보존하셨다.

그러나 그리스도의 지상 사역이 완료되고 새 언약이 개시됨에 따라, 하나님은 그의 가시적 교회를 더 이상 한 민족(민족적 이스라엘)과 한 장소(가나안 땅)에 국한시키지 않으셨다. 자신의 삶과 죽음과 부활을 통해 모세 율법을 만족시키신 그리스도께서는 그의 사도들에게 땅끝까지 복음을 전하고, 세례를 주고, 성찬식을 거행하며, 제자를 삼을 것을 명하셨다. 사도행전에 기록되어 있듯이, 사도들은 교회를 개척하여 이 임무를 수행했다(행 2:42). 예루살렘에서 시작하여, 그리스도는 구원얻는 자들을 그의 교회에 매일 더하셨다(행 2:41,47; 4:4). 그 가시적인 언약공동체는 "각 족속과 방언과 백성과 나라 가운데서"(계 5:9) 구속받은 사람들로 구성된 "택하신 족속, 왕 같은 제사장, 거룩한 나라, 그의 소유인 백성"이 되었다(벧전 2:9; 출 19:6 참조).

사도들이 죽은 후에도, 가시적 교회는 없어지지 않았다. 신약성경은 세상 끝날까지 가시적 교회를 존속시키는 것이 그리스도의 뜻이라고 분명히 밝힌다. 그리스도는 그의 양들이 건강하고 성숙하도록 목사 직분을 세우셔서 복음 설교로 양떼를 먹이게 하셨다(롬 10:14-17; 엡 4:11-16; 딤후 4:1-5; 딛 1:5-9). 또한 성례 안에서 보통의 물과 떡과 포도주의 손으로 만질 수 있는 요소들을 교회에 주셨다. 이 성례는 우리의 믿음을 살찌우기 위해 성령께서 사용하시는 수단이다(고전 10:16; 11:17-34; 요 6:41-58 참조). 그리스도는 장로 직분을 주셔서 그분의 백성들이 그들의 영혼을 지키는 보안관과 질서를 유지할 행정관을 가질 수 있게 하셨다(행 14:23; 빌 1:1; 딤전 3:1-7; 5:17; 히 13:17; 벧전 5:1-4). 그리스도는 권징을 통해 교회의 순결과 평화를 유지하신다(마 18:15-20; 고전 5장; 살후 3:6,14-15; 딛 1:10-14; 3:9-11). 그리스도는 집사 직분을 주사 회중 가운데서 가난하고 궁핍한 자들을 보살피게 하셨다(행 6:1-7; 빌 1:1; 딤전 3:8-13; 5:3-15). 그리스도는 은사들을 그의 교회에 부어주셔서 각 신자가 다른 사람들의 유익을 위해 사용하게 하신다(롬 12:3-8; 고전 12장; 엡 4:15-

16). 신약성경은 그리스도께서 그분의 교회를 자체의 조직과 구조를 지니고 있고 실제 살과 피를 가진 멤버들로 구성되며 가시적으로 볼 수 있고 식별가능한 사람들의 모임으로 세우셨다고 계시한다.

따라서 교회 멤버십은 지역 회중이라는 가시적인 공동체에 소속되는 것과 관련된다. 교회는 단골 고객들이 드나드는 가게와는 다르다. 또한 고객의 취향이나 문화적 공통점을 통해 느슨하게 연합된 개인들의 자발적인 협회도 아니다. 교회는 그리스도께 속한 사람들이다. 교회는 그리스도께서 자신이 정하신 방편을 통해 자신의 백성을 만나시는 장소이다.

한 가족이나 개인이 공식적인 교회 멤버가 되려고 할 때, 그들은 이렇게 말하고 있는 셈이다. "우리는 그리스도인입니다. 따라서 우리는 그리스도와 그의 몸에 속합니다." 그들과 그들의 자녀들은 세례를 받음으로써 그들이 그들 자신의 개인적인 영적 경험보다 훨씬 더 큰 무언가의 일부임을 인정한다. 그들은 그리스도께서 그들을 그의 한 성전을 구성하는 산 돌들로 고정시키셨고(엡 4:19-22; 벧전 2:4-5), 그의 한 우리 안에 있는 양으로 모으셨음을(요 10:1-29; 행 20:28) 인식한다. 그들은 하나님의 백성의 성회에서 공적으로 서약한다. 그 서약 안에서 그들은 그리스도를 믿는 믿음을 고백하고 그의 주권과 그의 교회의 통치에 기꺼이 복종할 것을 고백한다. 그리고 회중은 이 그리스도의 제자들을 받아들이고 주님 안에서 형제자매인 이 새 멤버들에 대한 그들 자신의 의무를 인정한다.

왜 교회 멤버십이 필수적인가

어떤 사람은 이렇게 말할 것이다. "이 말들은 모두 근사하게 들리지만, 나는 단지 교회에 출석하기만을 원해요. 왜 내가 반드시 멤버가 되어야 하나요?" 어떤 이들은 그리스도의 교회의 가시성을 인식하고 예배에 즐거이 참석하지만, 멤버십을 불필요한 형식적 요소로 여긴다. 하지만 성경은 지역 회중에 속하는 멤버십이 필수인 적어도 세 가지 이유를 제시한다.

1. 말씀을 통한 영적 양육

그리스도는 교회의 머리이시며(엡 1:22-23; 4:15), 그의 나라의 왕이시다(마 28:18; 히 2:8-9; 고전 15:25; 시 110:1 참조). 그분은 십자가에 못 박히시고, 죽은 자들 가운데서 다시 살아나셨을 뿐만 아니라, 하늘에 계신 아버지의 우편으로 올리우셨다. 달리 말해서, 예수님은 구원하실 뿐 아니라 또한 통치하신다. 그분은 그의 말씀과 성령을 통해서 그분의 백성들을 통치하시며, 주로 지역 교회에 임명하신 직분자들을 통해서 통치하신다. 히브리서 저자가 그의 서신의 끝부분에서 제시한 권면을 생각해 보라. "너희를 인도하는 자들에게 순종하고 복종하라 그들은 너희 영혼을 위하여 경성하기를 자신들이 청산할 자인 것 같이 하느니라 그들로 하여금 즐거움으로 이것을 하게 하고 근심으로 하게 하지 말라 그렇지 않으면 너희에게 유익이 없느니라"(히 13:17). 이것이 그리스도의 계획이다. 그분의 백성이자 소유인 우리는 그분이 정하신 뜻에 복종해야 한다.

교회 멤버십이 없다면 이 명령은 행해질 수 없다. 지역 회중 안에 자리잡은 멤버십은 장로들과 교인들 간의 공식적인 관계를 형성한다. 이 공식적인 관계는 장로들더러 그리스도께 속한 사람들의 영혼을 살피는 의무를 지게 하는 언약이다. 이것은 주님께 대한 우리의 복종의 일부이다. 우리가 교회의 양육이 필요없을 정도로 그렇게 완벽하게 성숙해지는 일은 없다. 우리가 아무리 성숙해도 우리는 여전히 교회의 양육을 필요로 한다. 어떤 그리스도인도 자급자족식으로 자신을 존속시키지 못한다. 우리가 자신의 목사일 순 없다. 우리를 사랑하시는 하나님은 그분이 우리 위에 두신 목자들의 설교와 가르침과 감독에 복종할 것을 우리에게 명령하셨다.

이와 관련하여 공적인 서약을 요구하는 것이 개혁교회들의 역사적 관행이다. 예컨대, 시편찬송(URCNA에서 사용되는 시편찬송 책을 말함–편집주) 안에 실려 있는 공적 신앙고백 형식 1의 네 번째와 마지막 서약은 이렇게 묻는다. "당신은 교회의 통치에 복종하기로 약속합니까? 그리고 당신이 교리나 삶의 측면에서 죄를 범할 경우에 교회의 책망과 권징에 복종하기로 약속합니까?"

하나님의 명령에 따라, 장로들은 그들에게 맡겨진 영혼들을 돌볼 책임이 있다(히 13:17). 장로들이 교회 멤버들을 보살피는 방법 중 하나는 가정 심방이다. 이것은 멤버들의 가정에서 그 가족에게 말씀으로 사역하는 것이다(행 20:28). 가정 심방은 그리스도의 종들이 그분의 말씀을 그분의 자녀들의 심령에 가까이 전할 수 있는, 그리고 장로들이 소통하며 알게 된 가정이라는 개인적인 환경에서 가족의 짐의 일부를 질 수 있게 해주는 복된 기회이다. 장로들은 교회에 가끔 또는 자주 출석하는 방문자들을 돌보기 위해서도 애써야 할 것이다. 하지만 그들에게 맡겨진 교회 멤버들을 우선적으로 돌보아야 한다. 멤버 중에 자신과 가족의 영적 자양분 공급을 위한 하나님의 계획인 공예배에 결석하는 사람들도 있을 것이다. 그들은 큰 위험을 자초하는 셈이다.

2. 책임성과 권징을 통한 영적 양육

그리스도께서 지역 교회의 지도자들을 통해 우리의 영혼을 보살피시는 방법 중 하나는 교회 권징이다. 교회 권징이란 멤버 중 누군가가 반역 상태에 있거나(즉, 특정한 죄를 회개하지 않거나), 전체 교회의 건강에 해를 끼치는 공개적인 스캔들에 연루되었을 때 그에게 하나님 말씀을 적용하는 실천사항이다. 교회 권징의 목적은 곁길로 빠진 제자들을 회복시키고, 교회의 교리를 보존하고, 회중의 화평과 정결을 도모하고, 세상에 대하여 교회의 명성을 수호하며, 하나님의 거룩하신 이름의 영예를 지키는 것이다.

그리스도께서 베드로에게 하신 다음과 같은 말씀은 공식적인 교회 권징을 행할 권위를 교회에 부여하신 것이다. "내가 천국 열쇠를 네게 주리니 네가 땅에서 무엇이든지 매면 하늘에서도 매일 것이요 네가 땅에서 무엇이든지 풀면 하늘에서도 풀리리라"(마 16:19). 개혁교회들은 이 열쇠를 복음 설교와 교회 권징으로 이해해 왔다. 하이델베르크 교리문답은 그것을 다음과 같이 풀이한다.

83문: 천국 열쇠란 무엇입니까?

답: 거룩한 복음 설교와 회개로 이끄는 권징입니다. 설교와 권징이 천국 문을 신자들에게는 열고 불신자들에게는 닫습니다.

84문: 어떻게 복음 설교가 천국 문을 열거나 닫습니까?

답: 그것은 그리스도의 명령에 따라 이루어집니다. 즉, 신자가 참된 믿음으로 복음의 약속을 받아들이면 하나님이 그리스도께서 행하신 일로 인해 진정으로 그의 죄를 용서하신다는 사실을 모든 신자에게 선포하고 공적으로 선언함으로써 천국 문이 열립니다. 반면에 회개하지 않으면 하나님의 진노와 영원한 정죄가 임한다는 사실을 불신자들과 위선자들에게 선포하고 공적으로 선언함으로써 천국 문이 닫힙니다.

85문: 어떻게 권징이 천국 문을 열거나 닫습니까?

답: 그것은 그리스도의 명령에 따라 이루어집니다. 즉, 어떤 사람이, 비록 그리스도인이라 불릴지라도, 비기독교적인 가르침을 받아들이거나 비기독교적인 삶을 살면서 형제의 거듭되는 조언에도 불구하고 그의 오류와 사악함을 버리지 않고 나아가 교회에, 즉 교회의 직분자들에게 알려진 후에도 그들의 권고에 따르지 않는다면, 직분자들은 그런 사람을 성례에 참석하지 못하게 함으로써 기독교적 친교로부터 배제시키며, 하나님이 친히 그를 그리스도의 나라로부터 추방하십니다. 그런 사람이 진정으로 돌이킬 것을 약속하고 실제로 그리하면, 다시 그리스도의 지체로 그리고 교회의 멤버로 받아들여집니다.

신약성경이 그렇게 가르치기 때문에 개혁교회는 이것을 진리로 받아들여 고백한다. 마태복음 18장 15-20절에서 예수님은 권징과 공적 출교에 대한 지침을 주셨다. 바울은 고린도 교회에게 쓴 편지에서 한 장 전체에 걸쳐 그리스도인의 성적 부도덕이 어떻게 교회를 더럽히는지 설명하고 회개하지 않는 범죄자를 출교하여 사탄에게 넘겨주어야 한다고 강조했다(고전 5장). 디모데전서 1장 18-20절, 디모데후서 2장 14-18절, 디도서 1장 10-14절, 3장 10-11절도 참고하라.

그러나 교회 멤버십이 없으면, 교회는 그리스도께서 수신 열쇠를 제대로 사용할 수 없다. 죄를 범한 자가 애초부터 교회에 속하지 않았다면 장로들이 그를 출교할 순 없다. 교회 멤버십이(목사와 장로를 포함하여) 모든 멤버에게 책임성(accountability)을 부여한다. 멤버십이 확립되어 있어야 장로들이 멤버들 가운데 교리의 순수함과 삶의 거룩함이 실천되는지 감독하고 확인하는 일을 완수할 수 있으며(딛 1:9; 히 1:17), 집사들이 교회 안의 궁핍한 사람들을 보살필 수 있다(행 6:1-7; 딤 5:9). 또한 멤버십은 회중의 모든 멤버가 자신의 교리와 삶에 대해 책임을 지게 한다.

3. 성례를 통한 영적 양육

교회 멤버십이 있어야 성례에 참여하여 성령께서 주시는 영적 유익을 받을 수 있다(고전 10:16). 반면에 그리스도의 교회에 회중으로 합류하지 않은 사람은 이 특권을 갖지 못한다. 그리스도의 성례는 교회 멤버십과 불가분적으로 연결되어 있다.

예컨대, 가시적인 교회에 합류하지 않으면서 세례만 받을 권리를 가질 수는 없다. 그리스도께서는 기독교 세례를 그리스도의 속죄의 피로 죄를 씻음을 상징할 뿐만 아니라, 구약의 할례가 그랬던 것처럼 세례받는 사람을 하나님의 가시적인 언약공동체의 멤버로 식별하여 주는(마 28:18-20; 행 2:39) 한 번의 첫 성례로 제정하셨다. 따라서 신자는 세례를 통해 교회 멤버십 안으로 들어오게 되며, 그래서 지역 교회 장로들의 감독 아래에 놓이게 된다. 세례는 교회 멤버십과 분리될 수 없다(엡 4:4-6).

마찬가지로, 교회 멤버십이 없으면 성찬에 참여할 권한이 없다. 그리스도는 성찬을 교회 멤버들을 위한 거룩한 식사로 제정하셨다. 그것은 십자가에서 바쳐진 그분의 몸과 피를 상징하는 것이며, 또한 회개하는 죄인들의 믿음에 자양분을 공급하는 것이기도 하다(고전 10:16; 요 6:22-60). 교회의 다스리는 자와 감독자로서(롬 12:8; 고전 12:28; 딤전 3:1-7), 장로들은 아무나 합당하지 않게 성찬에 참여하지 못하도록 성찬 참여를 감독할 책임을 진다(고전 11:17-34). 하이델베르크 교리문답은 신약성경의 가르침을 다음과 같이 요약한다.

81문: 성찬에 참여할 수 있는 사람은 누구입니까?

답: 자신의 죄로 인해 자신을 추하게 여기는 사람으로서, 그리스도의 고난과 죽음으로 인해 자신의 죄가 사함받고 자신의 연약함이 가려짐을 믿고, 자신의 믿음을 강화하며 더 나은 삶으로 나아가기를 점점 더 갈망하는 사람들입니다. 그러나 위선자들과 회개하지 않는 자들은 자신에게 임할 심판을 먹고 마십니다.

82문: 말과 행위를 통해 믿음 없음과 불경건함을 보이는 사람들도 성찬에 참여할 수 있습니까?
답: 참여할 수 없습니다. 그런 사람들의 참여를 허락하는 것은 하나님의 언약을 욕되게 하며 전체 회중에게 하나님의 진노가 임하게 하는 것입니다. 따라서 그리스도와 그의 사도들의 가르침에 따라,

기독교 교회는 천국 열쇠를 공적으로 사용하여 그런 사람들이 그들의 삶을 개혁할 때까지 그들을 성찬에서 배제해야 합니다.

URCNA에서는 성찬식에 참여하는 모든 이들이 믿음을 공적으로 고백할 것과 무흠한 멤버십 가운데 있을 것을 요구함으로써 이 교리문답의 가르침을 잘 적용하려고 추구해 왔다.

요점은 성례에 참여하려면 성경적인 교회 멤버십이 요구된다는 것이다. 그리스도께서는 성례를 우리 영혼에 자양분을 공급하기 위한 가시적인 표와 인으로 지정하셨으며, 그것을 개인주의적인 예식으로 계획하지 않으셨다. 성례는 주일에 모인 신자들에게 하나님의 신적 섬김이 이루어지는 예식이다. 그리스도께서 자신을 낮추사 그분의 양들에게 임하셔서 그분의 은혜의 방편을 통해 그들을 먹이신다.

따라서 우리는 벨직 신앙고백 28조를 고백한다. "이 거룩한 회중이 구원받은 자들의 모임이며, 이 모임을 떠나서는 구원이 없기 때문에, 우리는 자신의 신분이나 상태에 상관없이 그 누구도 이 모임을 떠나 혼자서 만족해서는 안 된다고 믿는다." 이생에서 가시적인 교회가 불완전하며 위선자들도 섞여 있다고 해서 이 교회를 떠날 권리를 지닌 그리스도인은 한 명도 없다. 특별한 경우가 아니면, 가시적인 교회에 속하지 않은 사람은 단일하고 거룩하고 보편적이며 사도적인 교회에도 속하지 못한다. 신약성경에 따르면, 가시적인 교회는 복음을 설교하고 성례를 거행하며 교회 권징을 행하는 지역 회중이다.

만일 우리가 그리스도인임을 고백한다면, 우리는 자신의 견해가 아닌 하나님의 말씀에 따라 신앙을 실천해야 한다. 신약성경은 모든 그리스도인이 세례를 통해 그리스도의 몸인 교회 안으로 들어가야 하며 자신의 교리와 삶에 대해 책임을 져야 한다고 말한다. 또한 신약성경은 우리의 유익을 위해 하나님이 지역 교회 안에 성도의 교제를 마련해 두셨으며 목사와 장로와 집사를 우리에게 주셨다고 말한다.

만일 당신이 세례를 받았지만 그리스도의 교회의 멤버가 아니라면, 당신은 신약성경이 그리스도인의 삶으로 인정하지 않는 특이한 삶을 살고 있다. 주님은 당신에게 회개를 요청하신다. 주님은 당신이 그의 양 우리로 들어가서 안전과 유익을 얻을 것을 요청하신다. 우리는 참된 교회에 합류할 것을 당신에게 촉구한다. 참된 교회는 진리를 고백하고, 장로에게 위임된 그리스도의 권위에 복종하며, 매주 말씀과 성례를 통해 하나님을 예배하고 그리스도를 받기 위해 만나는 신자들로 구성된 몸이다. 당신은 인터넷을 배회하거나 줄곧 이 교회 저 교회를 떠돌아다니는 영적 떠돌이가 되선 안 된나. 좋은 교회를 찾아서 합류하라. 이 땅에서 우리의 최선은 그리스도의 몸

안에 거하고 은혜의 방편을 얻으며 성도의 교제를 누리는 것이기 때문이다.

개혁파 그리스도인들은 신앙고백적 그리스도인들이다.
즉, 그들은 영단번에 성도들에게 전달된 믿음,
프로테스탄트 종교개혁 기간 동안 고백된 믿음을 고수하는
신앙고백적인 교회의 멤버이다.

부록 2

우리에게 신조들과 신앙고백들이 필요한 이유는 무엇인가?

개혁교회는 신앙고백적인 교회이다. 말하자면, 개혁교회는 특정한 교리들을 고백함으로써 역사적 기독교 신앙과 프로테스탄트 종교개혁에 동조한다. 그 교리들은 신조와 신앙고백으로 알려진 교회의 선언들 속에 요약되어 있다. 이 신조들과 신앙고백들이 없다면, 개혁교회는 정체성을 잃는다. 사실, 신조들과 신앙고백들이 없다면, 모든 교회가 정체성의 위기를 피할 수 없을 것이다.

어떤 이들에게는, 신조들과 신앙고백들을 이처럼 강조하는 것이 다소 이상하게 보이며 심지어 놀랍게 여겨질 것이다. 성경을 믿는 교회가 왜 사람들이 작성한 오류 가능성 있는 문서들에 그토록 집착하는가? 우리는 유일하게 영감받은 하나님 말씀이자 우리의 믿음과 삶을 위한 유일한 규범인 성경을 갖고 있지 않은가? 왜 그리스도인들이 사도신경, 니케아 신조, 하이델베르크 교리문답, 벨직 신앙고백, 도르트 신조와 같은 것들에 신경 써야 하는가?

이들은 정당한 질문이다. 다음은 URCNA에서 신조들과 신앙고백들을 사용하는 이유를 간략히 설명한 내용이다. 요컨대, 우리가 그것들을 사용하는 이유는 그것들이 그리스도의 교회를 보존하고 지키며 교회에 긴요한 것을 제공하기 때문이다. 그것들은 진리 안에서 교회의 통일성을 보존하고, 이단(거짓 가르침)으로부터 교회를 지키며, 교회에 지침을 제공한다.

I. 신조들과 신앙고백들은 진리 안에서 교회의 통일성을 보존한다

"교리는 분열시키지만 사랑은 결합시킨다" 또는 "교리는 분열시키지만 실천은 결합시킨다"라는 말이 종종 회자된다. 이 말들의 이면에는, 신학을 강조하는 것이 교회를 신학 논쟁에 빠뜨려 무기력하게 만든다는 개념이 숨어 있다. 그 대신에 교회는 서로 사랑하고 선행을 하는 데 초점을 맞춰야 한다는 것이다. 미국에서 가장 유명한 복음주의 지도자 중의 한 명이 최근에 이런 말을 했다. "첫 번째 종교개혁은 교리에 대한 것이었다. 두 번째는 행동에 대한 것일 필요가 있다…우리에게 필요한 건 신조의 개혁이 아니라 행위의 개혁이다."

하지만 교리를 사랑이나 실천과 대립시키는 것은 그릇된 이분법이다. 바울은 그리스도를 믿는 믿음과 서로를 향한 사랑을 교회에 거듭 당부한다(엡 1:15; 3:17; 골 1:4; 살전 1:3; 3:6; 살후 1:3; 딛 2:2; 3:15; 몬 1:5). 그리스도인의 연합은 고백하는 진리(즉, 교리)에 근거한다. 그 진리에 대한 반응으로 서로를 사랑하며 선행을 행한다. 교리를 사랑이나 선행과 분리시키는 것은 기독교가 아닌 다른 종교를 고백하는 것이다. 왜냐하면 기독교는 예수 그리스도의 복음에 기초하기 때문이다.

사실, 모든 그리스도인에게 서로 사랑하고 선행을 행하라는 명령이 주어졌다(요 13:34-35; 15:12; 엡 2:10; 딛 3:8; 요일 3:10-23; 4:7-5:3). 그러나 복음은 믿어야 할 메시지이지 행동양식이 아니다. 복음은 하나님의 진노에서 죄인들을 구원하는 유일한 분이신 예수 그리스도의 삶과 죽음과 부활에 대한 메시지이다. 우리는 이 메시지를 오직 그리스도만을 믿는 믿음으로 받는다. 이 메시지를 참된 믿음으로 믿으면 행동의 변화가 따를 것이지만 행위를 신조 위에다 두는 것은 기독교를 단지 경건주의나 도덕주의로 왜곡시키는 것이다. 그것은 우리의 연합의 근거를 진리가 아닌 다른 것에다 두는 것이다.

우리가 핵심 교리를 고백해야 하는 것도 바로 이 때문이다. 핵심 교리를 무시하는 것은 우리의 연합의 기초를 무시하는 것이다. 우리의 연합은 인종이나 정치적 입장이나 고객 취향에 근거하는 것이 아니다. 우리의 연합은 복음과 우리가 고백하는 성경적 진리에 근거한다. 우리가 신앙고백들을 '하나 되는 세 고백서'라 부르는 것도 바로 그 때문이다. 우리는 모든 언어와 민족과 종족을 포함하는 다양한 사람들로 구성되어 있지만, 신앙고백 안에서 연합되어 있다.

더욱이 연합은 우리가 인위적으로 만들어낼 수 있는 것이 아니다. 오직 하나님만이 이 연합을 만드실 수 있으며, 하나님은 예수 그리스도 안에서 이미 그렇게 하셨다. 우리는 그저 이 연합을 유지하도록 부르심받았을 뿐이다. 에베소인들에게 쓴 편지에서, 사도 바울은 그리스도인들에게 "평안의 매는 줄로 성령이 하나 되게 하신 것을 힘써 지키라"라고 말한다(엡 4:3). 그 다음 절에서는, "몸이 하나요 성령도 한 분이시니 이와 같이 너희가 부르심의 한 소망 안에서 부르심을 받았느니라 주도 한 분이시요 믿음도 하나요 세례도 하나요 하나님도 한 분이시니 곧 만유의 아버지시라"라고 말한다(엡 4:4-6). 몇몇 신약학자들은, 여기 언급된 기독교 신앙의 이 일곱 가지 항목들이 새 회심자가 세례를 통해 가시적으로 교회에 받아들여지기 직전에 고백했던 신조였다고 믿는다. 바울의 요점은 분명하다. 진리를 떠나서는 연합이 없다는 것이다.

어떤 사람은 이렇게 의문을 제기할 수도 있다. "왜 성경만 사용하지 않는가? 성경은 유일한 권위를 가지고 있으며 교회의 믿음과 삶을 위한 무오한 규범이다. 반면에 신조들과 신앙고백들은 오류 가능성을 지닌 문서들이다. 왜 우리가 '신조는 필요 없고 그리스도만'

이나 '신조는 필요 없고 성경만'이라고 말하지 않는가?" 이에 대한 대답은 간단하다. 신조들과 신앙고백들이 필수적인 이유는, 그것들이 우리가 성경의 어떤 가르침을 믿는지를 알려주는 교회의 선언이기 때문이다. '신조는 필요 없고 그리스도만'이나 '신조는 필요 없고 성경만'과 같은 말들은 사실상 자기모순적이다. 그러한 말들 자체가 일종의 신조이다.

'신조'에 해당하는 영어 "creed"는 "나는 믿는다"라는 뜻을 가진 라틴어 크레도(credo)에서 유래했다. 신조란 믿는 내용들을 요약한 것이다. 신앙고백도 유사하다. 신앙고백은 기독교 신앙에 대한 보다 상세한 설명이다. '신앙고백'에 해당하는 영어 "confession"은 "나는 인정한다"라는 뜻을 가진 라틴어 콘페시오(confessio)에서 유래했다. 사실상 모든 그리스도인은 스스로 인식하든 않든, 어떤 종류의 신조와 신앙고백을 지니고 있다.

당신이 그리스도인 친구에게 그의 믿음에 대해 물어본다고 하자. 그 친구는 하나님 말씀에 충실하고 싶어서 "난 성경을 믿어"라고 말한다. 물론 이것은 좋은 대답이지만, 너무 일반적이며 광범위하다. 성경은 큰 책이기 때문이다. 그래서 당신은 이렇게 묻는다. "너는 성경이 무엇을 가르친다고 믿니? 하나님에 대해 성경은 무엇을 가르치지? 그리스도에 대해서는 무엇을 가르치지? 구원에 대해서는 무엇이라고 말하지?" 그러면 그 친구는 신조적인 말을 하지 않을 수 없다. 신앙고백을 하지 않을 수 없다. 하나님이나 그리스도나 구원이나 다른 어떤 교리에 대한 성경의 가르침을 요약하기 시작하자마자, 그는 신앙고백을 하는 셈이다! 마태복음 16장에서 베드로가 그렇게 했다. "너희는 나를 누구라 하느냐"라는 예수님의 물음에, 베드로는 "주는 그리스도시요 살아 계신 하나님의 아들이시니이다"라고 대답했다. 신앙고백을 한 것이다.

개인적인 신앙고백도 좋고 중요하다. 하지만 그리스도의 한 몸으로서, 우리는 같은 고백을 해야 한다. 우리는 기독교 신앙의 핵심이 되는 교리에 동의할 필요가 있다. 실천적인 연합을 드러내라는 하나님의 명령에 순종하길 원하는 교회들이 함께 행하려면 통일된 신앙고백을 해야 한다(암 3:3). 신조와 신앙고백은 이런 목적에 기여한다. 이들은 핵심적인 사도적 교리를 요약해주며, 우리를 동일한 믿는 마음과 동일한 고백하는 혀를 지닌 그리스도의 교회로 연합시킨다. 이들은 진리 안에서 교회의 연합을 유지하는 데 도움이 된다.

II. 신조들과 신앙고백들은 이단으로부터 교회를 보호한다

신조의 성격을 띠는 선언들이 성경에 자주 나온다는 사실에 주목할 필요가 있다. 예컨대, 신명기 6장 4절에서 우리는 위대한 쉐마를 발견한다. "이스라엘아 들으라 우리 하나님 여호와는 오직 유일한 여호와이시니." 유대인들은 모세 시대 이후로 이 신조를 암송해 왔다.

이것이 중요한 신조였던 이유는, 많은 신들을 믿는 다신론 이교로부터 이스라엘을 지켜주었기 때문이다. 이스라엘이 이 신조를 받은 시점은 그들이 수백 년 동안 살았던 애굽으로부터 벗어나고 있을 때였다. 애굽 문화는 다신론에 흠뻑 젖어 있었다. 애굽인들은 우주의 모든 영역에는 그 영역을 주관하는 신이 있다고 믿었다. 풍요를 위한 신, 농경을 위한 신, 비를 위한 신, 태양을 위한 신 등이 있다는 것이다. 따라서 이스라엘이 애굽에서 나와서 약속의 땅 가나안으로 들어가는 과정에서, 유일하고 참되며 살아 계신 하나님이 계심을 아는 것은 매우 중요했다. 그분만이 해와 달과 별들을 지으시고 공중을 새들로 채우시고 바다를 물고기로 채우시며 모든 짐승들과 인류를 지은 창조주이시다. 그분은 만유의 주권자이시다. 이 간단한 신조인 쉐마는 다신론의 거짓으로부터 이스라엘을 지키는 데 도움이 되었다.

또한 신약성경에도 신조적인 선언들이 등장한다. 고린도전서 15장에서 바울은 고린도 교회에 침투했던, 몸의 부활을 부정하는 끔찍한 이단을 경계했다. 그가 맨 처음에 한 일은 그들에게 친숙한 신조를 인용하는 것이었다. 그는 "내가 받은 것을 먼저 너희에게 전하였노니 이는 성경대로 그리스도께서 우리 죄를 위하여 죽으시고 장사 지낸 바 되셨다가 성경대로 사흘 만에 다시 살아나사"(고전 15:3-4)라고 말한다. 그런 다음에 그는 이 짧은 신조를 15장 전반에 걸쳐 풀어내며, 그리스도의 부활을(따라서 복음을!) 부인하지 않는 한 우리 몸의 부활도 부인할 수 없음을 설명한다. 그리스도의 양들을 잘못된 방향으로 이끄는 이리들로부터 양들을 보호하기 위해서는 이처럼 핵심 교리를 간략하고 분명하게 선포해야 한다.

이 패턴은 신약성경 곳곳에서 발견된다. 사도들은 이단과 해악으로부터 교회를 보호하기 위해 진리를 명확히 선언해야 했다. 이것은 모든 시대의 교회에서 계속되어 온 목회자의 책무이다. 이단이 새로 등장하여 순수한 진리를 위협할 때마다, 교회는 성경에서 가르치는 핵심 교리를 분명히 선언하여 대응해야 했다.

예를 들어, 4세기에 아리우스 이단이 그리스도의 영원성과 신성에 대한 교리를 공격했을 때 교회는 큰 위기를 맞았다. 아리우스는 자신이 성경을 믿는다고 말했다. 그는 당시의 가장 좋은 학교 중의 하나에서 공부하고 성직자로 임명되었다. 하지만 그는 자신이 진리의 편에 서 있다고 생각하면서 기독교의 핵심 교리를 부정했으며 많은 사람들을 그릇된 길로 이끌었다. 이 상황에서 교회는 아리우스의 가르침을 주의 깊게 검토하고 나서 그것을 이단으로 정죄했다. 올바른 대응이었다. 각 교회에서 파견된 자들로 구성된 대표단은 신자들을 지키기 위해 아리우스의 교리에 대응하는 신조를 작성했다. 그것이 바로 니케아 신조다.

이단들이 들고 일어나 교회를 공격할 때, 교회는 성경의 특정 교리들을 요약하여 잘못된 가르침에 반박할 필요가 있다. 이것은 교회에 주어진 임무이다. 바울은 젊은 목사 디모데에게 이렇게 말했다. "너는 말씀을 전파하라 때를 얻든지 못 얻든지 항상 힘쓰라 범사에 오래 참음과 가르침으로 경책하며 경계하며 권하라 때가 이르리니 사람이 바른 교훈을 받지 아니하며 귀가 가려워서 자기의 사욕을 따를 스승을 많이 두고 또 그 귀를 진리에서 돌이켜 허탄한 이야기를 따르리라"(딤후 4:2-4).

마찬가지로, 사도 요한은 "사랑하는 자들아 영을 다 믿지 말고 오직 영들이 하나님께 속하였나 분별하라 많은 거짓 선지자가 세상에 나왔음이라"라고 말한다(요일 4:1). 신조와 신앙고백은 이 목적에 도움이 된다. 성경적인 교리의 분명한 체계를 믿고 고백할 때, 교회는 그리스도의 양들을 보호할 준비를 더 잘 갖추게 된다.

더욱이 신조와 신앙고백은 우리 자신으로부터 우리를 보호한다. 우리 각자는 저마다의 철학적 전제를 갖고서 성경을 읽는다. 우리는 타락한 사람들이다. 우리는 성경 본문 해석에 자신의 신념을 덧보탠다. 신조와 신앙고백이 성경 해석의 무오성을 보장해주진 않아도, 안전장치는 제공해준다. 열차가 달리는 길인 레일처럼, 신앙고백도 우리가 궤도에서 이탈하는 것을 막아준다. 레일을 치워버리면 재난이 닥친다. 마찬가지로, 그리스도인이 정통 기독교 교회로부터 완전히 동떨어져 성경을 읽으려 하거나 교회가 전통적으로 고백해

온 것을 가지고 자신의 해석을 점검하길 거부할 때, 그는 재난에 직면할 수밖에 없다.

III. 신조들과 신앙고백들은 본질적인 것들에 대한 지침을 제공한다

신조와 신앙고백은 성경의 점들을 연결시킨다. 그것들은 구속의 줄거리에서 비롯된 교리를 가르쳐준다. 그것들은 교회가 다음과 같은 지상명령을 수행하는 방법이 된다. "너희는 가서 모든 민족을 제자로 삼아 아버지와 아들과 성령의 이름으로 세례를 베풀고 내가 너희에게 분부한 모든 것을 가르쳐 지키게 하라"(마 28:19-20). 교회는 우리 믿음의 기초로 놓여 있는 사도적 교리를 가르칠 책임이 있다(엡 2:20). 사도신경이라는 이름이 붙은 것은, 사도들이 그것을 썼기 때문이 아니라, 그리스도께서 그분의 교회더러 가르칠 것을 명하신 사도적인 교리를 그것이 신실하게 표현하고 있기 때문이다.

종교개혁 이후 풍성한 교리문답들이 작성되고 후손에게 전해진 이유도 바로 이 때문이다. 하이델베르크 교리문답은 사도신경을 한 줄 한 줄 일일이 설명하며, 우리가 무엇을 믿는지와 왜 믿는지를 가르친다. 그것은 십계명의 각 계명에서 하나님이 무엇을 요구하시는지 그리고 주기도문 각각의 구절을 기도하는 것이 무엇을 뜻하는지를 가르쳐준다. 그것은 율법과 복음에 대해 가르쳐주며 어떻게 선행의 삶으로 하나님께 감사하면서 살아야 하는지를 가르쳐준다. 또한 그것은 성경적인 교리를 체계화하며, 기독교의 기초를 문답형식으로 쉽게 가르쳐준다.

우리는 신조와 신앙고백과 교리문답을 이해할 뿐만 아니라, 그것들을 자신의 것으로 고백할 수 있어야 한다. 1561-62년에 개혁교회들은 로마 가톨릭 신자인 스페인 왕 필리페 2세에게 벨직 신앙고백 사본을 편지와 함께 보냈다. 그 편지에서 그들은 모든 적법한 일들에 있어 정부의 모든 적법한 지시들에는 기꺼이 복종하겠지만, 신앙고백서에 표현된 진리를 부인할 바에야 차라리 "채찍에 맞고, 혀를 잘리고, 입에 재갈이 물리며, 온 몸이 불속에 던져지는" 편을 택할 것임을 밝혔다. 하나님의 영광과 교회의 유익을 위하여, 우리도 그들처럼 진리에 헌신해야 한다.

개혁파 그리스도인들은 신앙고백적 그리스도인들이다. 즉, 그들은 영단번에 성도들에게 전달된 믿음, 프로테스탄트 종교개혁 기간 동안 고백된 믿음을 고수하는 신앙고백적인 교회의 멤버이다. 우리는 하나님의 은혜로 신앙고백 안에서 "한마음으로 서서 한 뜻으로 복음의 신앙을 위하여 협력"한다(빌 1:27).

"너희를 위하여 보물을 땅에 쌓아 두지 말라
거기는 좀과 동록이 해하며 도둑이 구멍을 뚫고 도둑질하느니라
오직 너희를 위하여 보물을 하늘에 쌓아 두라
거기는 좀이나 동록이 해하지 못하며
도둑이 구멍을 뚫지도 못하고 도둑질도 못하느니라
네 보물 있는 그 곳에는 네 마음도 있느니라"(마6:19-21).

부록 3
십일조와 헌금에 대한 성경적인 원칙

대부분의 그리스도인들은 예배 중에 헌금을 드리는 일에 친숙하다. 접시나 바구니를 돌리면 예배자들이 거기다 돈을 넣는다. 그리스도인들에게 이것은 불편한 경험이 아니라, 하나님을 향한 사랑과 제자 삼는 일에 참여하는 즐거운 기회여야 한다. 그렇다면 헌금과 관련하여 하나님은 우리에게 무엇을 요구하실까? 우리는 어느 만큼 그리고 얼마나 자주 헌금해야 할까? 이 물음들에 답하기 위해서는 헌금 의무에 대한 성경의 언급을 살펴보아야 한다.

구약성경에서의 십일조

구약성경에서 십일조란 무엇일까? 십일조라는 말은 십분의 일을 뜻한다. 오늘날 많은 그리스도인들은 '십일조'를 언급할 때, 자기 소득의 십분의 일이 아니라 자신이 임의로 정한 어떤 금액의 헌금을 가리킨다. 그러나 십일조는 십분의 일이다. 십일조는 모세율법보다 더 앞섰던, 고대의 예배 형태였다.

창세기는 족장들이 예배 행위로서 십일조를 헌금했음을 알려준다. 아브라함은 지극히 높으신 하나님의 제사장인 멜기세덱에게 십일조를 바쳤다. 전리품의 십분의 일을 준 것이다(창 14:17-24; 히 7:1-2). 후에 야곱은 "하나님께서 내게 주신 모든 것에서 십분의 일을 내가 반드시 하나님께 드리겠나이다"라며 서원했다(창 28:2). 이 십일조들은 특정한 율법에 따라 드려진 것이 아니었고, 단지 하나님의 자비와 은혜에 감사하는 마음의 표현으로 드려진 것이었다. 아브라함과 야곱은 소득의 십분의 일을 드림으로써 하나님을 즐거이 예배했다.

이후의 구속사 과정에서, 하나님은 그분의 백성에게 영적 사역을 지원하기 위해 소득의 십분의 일을 바칠 것을 명하셨다. 모세율법에서, 하나님은 이스라엘 백성에게 성전을 유지하고 레위인들의 생계를 지원하기 위해 헌금하라고 명하셨다. 레위인들은 하나님이 이스라엘에게 은혜로 주신 땅의 분깃을 받지 않았다. 제사장직이 그들의 기업이었다(민 18:24; 수 18:7). 그들은 제사장으로서 다른 지파들을 위해 봉사해야 했다. 하나님은 그들의 생계를 위해 십일조를 지정하셨다. "내가 이스라엘의 십일조를 레위 자손에게 기업으로 다 주어서 그들이 하는 일 곧 회막에서 하는 일을 갚나니"(민 18:21). 이스라엘 백성의 생계와 소득의 방편인 농산물 수확물 중 십분의 일은 여호와께 드리는 헌금으로 구별되었다. "그리고 그 땅의 십분의 일 곧 그 땅의 곡식이나 나무의 열매는 그 십분의 일은 여호와의 것이니 여호와의 성물이라…모든 소나 양의 십일조는 목자의 지팡이 아래로 통과하는 것의 열 번째의 것마다 여호와의 성물이 되리라"(레 27:30,32).

신명기 14장 22-29절에 따르면, 성막으로 가져간 이 십일조들의 일부를 레위인들이나 가난한 자들과 즐거이 교제하면서 여호와 앞에서 함께 먹었다. 십일조는 짐스러운 의무가 전혀 아니었다. 즐거운 예배와 친교의 일환이었다.

십일조는 이스라엘의 언약적 삶에서 중요한 부분을 차지했다. 십일조를 드리지 않는 것은 하나님의 것을 도둑질하는 큰 죄였다. 말라기 선지자를 통해 하나님은 십일조를 드리지 않은 이스라엘의 죄를 지적하셨다. "사람이 어찌 하나님의 것을 도둑질하겠느냐 그러나 너희는 나의 것을 도둑질하고도 말하기를 우리가 어떻게 주의 것을 도둑질하였나이까 하는도다 이는 곧 십일조와 봉헌물이라 너희 곧 온 나라가 나의 것을 도둑질하였으므로 너희가 저주를 받았느니라"(말 3:8-9). 반대로, 이스라엘이 순종함으로 십일조를 드려 하나님을 신뢰하는 믿음을 드러내 보인다면, 그들은 물질적 필요가 채워지는 복을 받을 것이었다. "만군의 여호와가 이르노라 너희의 온전한 십일조를 창고에 들여 나의 집에 양식이 있게 하고 그것으로 나를 시험하여 내가 하늘 문을 열고 너희에게 복을 쌓을 곳이 없도록 붓지 아니하나 보라"(말 3:10).

신약성경에서의 헌금

신약성경은 십일조를 명확하게 명령하고 있지 않다. 엄격한 십일조는 옛 언약, 즉 이스라엘 민족과 맺으신 하나님의 언약과 연관되는 것으로 보인다. 그럼에도 불구하고, 헌금과 관련해서 구약과 신약 간에 어느 정도의 연속성이 있다. 구약의 이스라엘이 제사장들의 쓸 것을 제공했듯이, 신약의 교회는 복음 사역을 위한 물질을 제공해야 한다. 바울은 교회가 물질로 복음 사역을 지원해야 한다고 분명히 말한다. 고린도전서는 이 주제를 매우 직설적으로 가르친다. "이와 같이 주께서도 복음 전하는 자들이 복음으로 말미암아 살리라 명하셨느니라"(고전 9:14).

디모데전서는 구약성경에서 몇 가지 일반적인 법칙을 인용하면서 이를 말씀 사역에 적용한다. "잘 다스리는 장로들은 배나 존경할 자로 알되 말씀과 가르침에 수고하는 이들에게는 더욱 그리할 것이니라 성경에 일렀으되 곡식을 밟아 떠는 소의 입에 망을 씌우지 말라 하였고 또 일꾼이 그 삯을 받는 것은 마땅하다 하였느니라"(딤전 5:17-18). 마찬가지로, 갈라디아서는 "가르침을 받는 자는 말쌈을 가르치는 자와 모든 좋은 것을 함께 하라"고 말씀한다(갈 6:6).

목사의 생계만 지원하는 것이 전부가 아니다. 회중은 물질로 성도의 교제를 표현해야 한다. 로마서의 마지막 부분에서, 바울은 예루살렘의 가난한 그리스도인들에게 헌금을 전달할 계획을 언급한다.

"그러나 이제는 내가 성도를 섬기는 일로 예루살렘에 가노니 이는 마게도냐와 아가야 사람들이 예루살렘 성도 중 가난한 자들을 위하여 기쁘게 얼마를 연보하였음이라 저희가 기뻐서 하였거니와 또한 저희는 그들에게 빚진 자니 만일 이방인들이 그들의 영적인 것을 나눠 가졌으면 육적인 것으로 그들을 섬기는 것이 마땅하니라."(롬 15:25-27; 고전 16:1-4 참조).

따라서 이러한 여러 필요들이 채워질 수 있도록 모든 그리스도인은 자신이 속한 회중의 예산에 소요되는 물질을 지원할 책임이 있음을 마음에 두어야 한다. 기독교 라디오 프로그램이나 건전한 개혁파 신학교와 같은 파라처치 단체들을 위해 헌금하는 것도 우리의 물질을 잘 사용하는 것일 수 있지만, 그런 헌금이 지역 교회와 그 교회에 소속된 선교사들을 지원하는 일을 결코 대체하진 못한다. 지역 교회를 위한 지원이 언제나 우선순위여야 한다. 왜냐하면 세례를 주고 성찬식을 거행하며 제자훈련을 하는 곳은 오직 교회이기 때문이다. 하나님은 지역 교회를 제자를 삼고 성도의 교제를 도모하는 주된 방편으로 삼으셨다.

그러면, 헌금을 얼마나 많이 해야 하는가?

만일 의무적인 레위기의 십일조가 특별히 레위 지파 제사장직을 위한 것이었고 신약성경이 소득의 10퍼센트를 명확히 명령하지 않는다면, 신자는 어느 정도나 헌금해야 할까? 바울은 적어도 세 가지 중요한 지침을 제시한다. 그런데 바울은 "얼마나 많이 헌금해야 하는가?"라는 물음과 "어떻게 헌금해야 하는가?"라는 물음을 결코 분리시키지 않는다. 따라서 우리는 다음의 세 가지 원칙을 주의 깊게 고려해야 한다.

1. 자유롭게 그리고 기쁘게 헌금하라

바울은 "각각 그 마음에 정한 대로 할 것이요 인색함으로나 억지로 하지 말지니 하나님은 즐겨 내는 자를 사랑하시느니라"라고 말한다(고후 9:7). 신약성경에는 얼마를 헌금해야 한다는 규정된 액수가 나오지 않는다. 당신이 기여하는 금액은 오직 당신이 결정할 수 있는 것이다. 그러나 얼마를 헌금하든 기쁨으로 하라! 하나님 나라를 위한 헌금을 어떤 압박감에서 하지 말라. 즐겁게 헌금하든지 아니면 아예 헌금을 하지 말라. 어느 저자는 이렇게 말했다. "하나님은 즐겨 내는 자를 사랑하신다. 만일 당신이 성도들의 모임과 다른 성도의 성화에 기여하는 것을 즐거워할 정도로 복음을 기뻐하지 않는 다면, 먼저 그 문제부터 살피라."

2. 꾸준히 헌금하라

바울이 고린도인들에게 쓴 편지 내용은 우리에게 주는 지침이기도 하다. "매주 첫날에 너희 각 사람이 수입에 따라 모아 두어서 내가 갈 때에 연보를 하지 않게 하라"(고전 16:2). 매월의 예산과 재정 계획을 세울 때 하나님 나라를 위해 특정한 금액을 따로 구별하는 것을 습관화하라. 10퍼센트가 신약에서 엄격히 요구하는 헌금 액수는 아니지만, 그럼에도 그것은 탁월한 지침이다. 그리스도인들은 소득의 10퍼센트를 최소한의 헌금으로 삼는 것이 현명하며, 그것은 주님 안에 있는 기쁨과 구원에 대한 감사의 표현이다. 다시금 우리는 십일조를 즐거이 드렸던 아브라함과 야곱의 예를 돌아볼 필요가 있다. 헌금을 얼마만큼 내기로 결정했든, 사도 바울에 따르면, 우리는 매주 또는 매월 꾸준히 헌금해야 한다. 지역 교회의 재정은 정부가 아니라 멤버들의 정기적인 헌금에 의존한다.

3. 형통케 하시는 주님의 은혜에 따라 헌금하라

고린도전서 16장 2절의 바울의 명령에는 "수입에 따라"라는 말이 등장한다. 달리 말해서, 우리의 헌금은 하나님이 그분의 섭리 안에서 우리에게 주신 것에 비례한 금액이어야 한다. 하나님이 우리의 소득을 증가시키길 기뻐하시면, 우리의 헌금도 늘어나야 한다.

또한 우리는 구약의 십일조가 신약에서도 지혜롭게 적용될 수 있음을 안다. 돈을 많이 벌든 적게 벌든 소득의 10퍼센트를 따로 떼어놓으라. 그리하면 주님이 우리를 형통케 하시는 대로 우리가 헌금할 수 있을 것이다.

우리의 모든 자원은 하나님으로부터 나오고 그분의 것이며 우리는 하나님의 자원들을 관리하는 청지기일 뿐이다. "누가 너를 남달리 구별하였느냐 네게 있는 것 중에 받지 아니한 것이 무엇이냐 네가 받았은즉 어찌하여 받지 아니한 것 같이 자랑하느냐"라고 바울은 말한다(고전 4:7). 또한 누가복음 12장 48절에서 예수님은 "무릇 많이 받은 자에게는 많이 요구할 것이요 많이 맡은 자에게는 많이 달라 할 것이니라"라고 경고하신다. 이와 관련하여 모든 그리스도인이 자문해야 할 물음은, "나는 하나님이 내게 맡기신 것을 충실히 관리하고 있는가?"이다.

산상수훈에서 우리 주님은 이렇게 말씀하셨다. "너희를 위하여 보물을 땅에 쌓아 두지 말라 거기는 좀과 동록이 해하며 도둑이 구멍을 뚫고 도둑질하느니라 오직 너희를 위하여 보물을 하늘에 쌓아 두라 거기는 좀이나 동록이 해하지 못하며 도둑이 구멍을 뚫지도 못하고 도둑질도 못하느니라 네 보물 있는 그 곳에는 네 마음도 있느니라"(마 6:19-21). 우리가 무엇을 가치 있게 여기는지는 우리가 재물을 어떻게 사용하는가에서 드러난다.

우리는 헌금을 천국을 위한 투자로 여기는가? 즉,(건강과 부에 초점을 맞추는 설교자들의 말처럼) 그것을 이 땅에서의 재정적인 보상이나 하늘에서 얻을 더 큰 저택을 위한 투자로 여기는 것이 아니라, 주님이 다시 오실 때까지 복음의 진전과 하나님의 백성의 건덕을 위한 투자로 여기는가? 그리스도의 인격과 사역 덕분에 의롭게 되고 하나님의 자녀로 입양된 자들로서, 우리는 이미 가장 풍성한 복을 받았다! 하나님은 이미 우리를 위해 "썩지 않고 더럽지 않고 쇠하지 아니하는 유업"을 하늘에 간직하고 계신다(벧전 1:4). 그러므로 우리는 이 땅에서 우리의 재물을 바라볼 때 천국 시민의 눈으로 바라보아야 한다.

요컨대, 우리는 매주의 헌금으로 주님께 예배드리는 기회를 지녔으므로, 우리 모두가 헌금하는 기쁨을 경험하며 우리에게 맡겨진 모든 것으로 주께 영광돌릴 수 있기를 바란다.

하나님이 우리를 이끄시는 곳은 무서운 시온산이 아니라
축제가 벌어지는 위에 있는 시온산이다(히 12:18-24).
하지만 그분은 여전히 거룩하신 하나님이자 소멸하는 불이시다.
우리는 감사와 외경심 가운데 온전히 그분의 말씀에 따라서
그분을 예배해야 한다(히 12:28-29).

부록 4
개혁파 예배란 무엇인가

우리는 전례 없이 개인적인 선택 자유를 누리는 시공간에서 살고 있다. 우리가 고를 수 있는 옷의 종류는 거의 무한정이다. 종이책을 살지 전자책을 살지 우리가 결정한다. 고등학교나 대학교를 졸업한 젊은이들은 수많은 직업 중에 선택할 수 있다. 우리의 문화는 자신이 원하는 방식으로 행할 수 있어야 한다고 생각하도록 우리를 유도한다. 1990년대에, 버거킹은 '즉시 당신의 방식대로'라는 슬로건으로 그 메뉴를 광고했다. 1980년대에, AT&T사는 통신 회사에 대한 '올바른 선택'이란 문구로 광고했다. 1970년대 이후로, 낙태 옹호자들은 그들의 운동을 '선택 옹호'(prochoice)라 언급했는데, 이는 자기 주권을 즐기려는 우리 사회의 가치관에 영리하게 호소한 것이다.

선택과 개인적인 자유를 강조하는 이러한 시대적 추세는 예배를 바라보는 관점에도 큰 영향을 미쳤다. 오늘날의 미국인들은 더욱더 편리해진 이동수단과 갈수록 다양해지는 교회 취향을 가지고서 언제, 어디서, 어떻게 예배드릴 것인지 거의 무한한 선택의 폭을 지니고 있다. 공정하게 말해서 이렇게 다양한 선택지가 있는 것이 반드시 나쁘거나 기피해야 하는 것은 아니지만, 성경적인 지혜로 선택하는 쉽지 않은 과제가 주어진 것이 사실이다.

많은 사람들이 자신의 개인적 취향에 따라 감정적으로 끌리는 쪽으로 선택하는 것 같다. "나는 보다 열정적인 예배를 좋아하므로 X교회에 다닌다." "나는 차분히 묵상하는 예배를 더 좋아하므로 Y교회로 간다."는 식이다. 사람들이 다음과 같은 물음을 던지는 경우는 너무나 드물다. "나의 예배 방식에 대해 하나님은 뭐라고 말씀하실까? 내가 어디서, 어떻게 하나님을 만날지를 나의 감정과 취향이 결정하는 것이 과연 옳을까? 기독교 예배에 대한 권위 있는 가이드가 있는가? 하나님은 어떤 유형의 예배를 기뻐하실까?" 이 물음들에 대답하기 위해 우리는 성경으로 돌아가야 한다.

예배의 표준을 설정하는 것은 성경이다

하나님은 자신이 예배 방식에 대해 깊은 관심을 지니고 계심을 말씀 안에서 계시하신다. 하나님은 자기 백성이 어떻게 자신을 예배할지 결정할 권한을 가지고 계신다. 구약에서 하나님은 그분의 백성에게 율법을 주실 때 이 사실을 매우 분명하게 하셨다. 십계명의 처음 두 계명은 우리가 하나님만을 예배하되 그분의 뜻에 부합한 방식으로만 예배할 것을 요구한다(출 20:3-4). 특히 제2계명은 자신이 원하는 방식으로 아무렇게나 하나님을 예배해선 안 되고 오직 하나님이 기뻐하시는 방식을 따라 예배해야 한다는 것을 계시한다. 하이델베르크 교리문답은 하나님이 제2계명에서 우리에게 요구하시는 것이 무엇인지 명확히 설명한다.

96문: 제2계명이 우리에게 알려주는 하나님의 뜻은 무엇입니까?

답: 우리가 하나님의 어떤 형상도 만들어선 안 되고 그분이 말씀에서 명하신 것 이외의 다른 어떤 방법으로도 그분을 예배해선 안 됨을 알려줍니다.

달리 말해서,(어떤 형상처럼) 우리의 감정을 자극하는 모든 것이 예배를 위해 적합한 것은 아니다. 오늘날 많은 교회에서 지배적으로 제기되는 물음은, "무엇이 영적 감정을 자극할 것인가?"이다. 그러나 우리가 제기해야 할 물음은 "하나님은 우리의 예배가 어떤 모습이길 원하시는가?"이다. 그 어떤 교회나 전통도 이 물음에 완벽한 답을 제시하진 않지만, 오늘날의 많은 교회들은 더 이상 이런 물음을 제기하지도 않는다.

나답과 아비후는 이 물음을 제기했어야 했다. 하나님은 특정한 방식을 따라 자신을 예배하라고 그들에게 명하셨다. 그들은 하나님이 명하신 예배의 세부 규정을 무시하고 하나님께 "다른 불"을 드렸고, 그 때문에 하나님은 자신의 거룩한 불로 그들을 태우셨다(레 10:1-2).

오늘날의 예배에서는 하나님이 예배를 규정하신다는 이 원칙이 많이 무시된다. 오늘날 예배의 많은 부분이 성경에 의해 규정되기보다는 개인적인 취향에 의해 규정되며 또한 독창적 혁신 욕구에 이끌린다. 하지만 우리의 입법자께서는 온전한 권위를 가지고 우리의 예배를 통제하신다. 하나님은 그분의 백성에게 여전히 이렇게 말씀하신다. "내가 너희에게 명령하는 이 모든 말을 너희는 지켜 행하고 그것에 가감하지 말지니라"(신 12:32; 마 28:20 참조). 신약시대에 사는 우리도 예배시 다른 불을 하나님께 마음대로 드려선 안 된다. "경건함과 두려움으로 하나님을 기쁘시게 섬길지니 우리 하나님은 소멸하는 불이심이라"(히 12:28-29).

예배의 규정 원리가 하나님께 드리는 예배의 기쁨과 활력을 제한하며 억누른다고 종종 오해한다. 하지만 사실인즉, 성경에서 규정하는 예배를 드릴 때, 우리는 하나님께 받아들여질 수 있는 방식으로 하나님을 예배하는 우리의 자유를 보호하며, 단지 사람을 기쁘게 하기 위해 고안된 것을 예배 중에 행하도록 우리 양심을 속박하려는 것들에서 자유로울 수 있다. 온전히 충족적인 하나님의 말씀이 규정하는 예배는 우리를 억누르고 제한시키는 것이 아니며 오히려 인간의 그릇된 규칙에서 벗어나게 하고 우리를 해방시켜 하나님께 참된 예배를 드리게 한다.

예배의 구조는 성경에 따른다

성경은 하나님이 받으시는 예배가 갖추어야 할 특정한 요소들을 규정할 뿐만 아니라, 예배가 갖추어야 할 언약적 구조를 시사해주기도 한다. 언약은 둘 이상의 당사자를 묶는 관계이다. 예배는 위대하신 왕과 그분의 백성의 공식적인 언약적 만남이다.

하나님이 이스라엘을 애굽에서 건져내신 것은 그분의 구속받은 백성을 만나시고 그들과의 언약을 새롭게 하시기 위함이었다(출 6:2-9). 오늘날의 견해와는 반대로, 예배는 복음전도적 십자군이 되는 것을 의미하지 않는다. 복음은 언제나 불신자들과 신자들 모두를 염두에 두고 신실하게 선포되어야 하지만, 예배는 주로 하나님과 그분의 언약 백성(즉, 신앙을 고백하는 신자들과 그들의 자녀) 간의 거룩한 집회이다.

사람들이 종종 그냥 지나쳐 버리는 사실이 있다. 성경은 가족 전체가 예배에 관련된다고 분명히 밝힌다(신 31:10-13; 엡 6:1-4; 골 3:18-20).

하나님은 적합한 예배 방식을 명령하시면서 그 안에 여러 세대에 걸친 저주와 축복을 말씀하셨다(출 20:5-6). 우리의 예배는 하나님이 누구신지 그리고 우리가 그분과 어떻게 관계를 맺어야 하는지에 대해 확고한 인상을 어린 자녀들에게 심어준다. 우리가 상상하고 생각하는 대로 하나님께 나아갈 수 있다는 인상을 주는 예배는, 하나님이 누구시며 우리가 어떻게 그분을 찾아야 하는지와 관련하여 자녀들에게 치명적인 결함을 지닌 인상을 남긴다. 구도자에게 초점을 맞추는 예배는 심지어 그리스도께 대한 성경적인 헌신—오직 그리스도의 공로를 통해서만 우리는 하나님께로 나아갈 수 있다—마저도 위협할 수 있다(히 10:19-22).

성경은 언약적 예배의 또 다른 측면을 계시한다. 즉 하나님과의 만남이 대화적 특성을 갖는다는 것이다. 두 언약 당사자들은 서로 대화를 나눈다. 성경은 예배를 위한 예전을 명시적으로 제시하지는 않지만, 그럼에도 그 기본적인 요소들은 계시한다. 사도행전은 첫 언약 회중이 "사도의 가르침을 받아 서로 교제하고 떡을 떼며 오로지 기도하기를" 힘썼음을 알려준다(2:42). 신약성경의 나머지 부분을 살펴보면 더욱 분명해진다. 예배의 필수 요소들은 다음과 같다: 말씀 설교("사도의 가르침"), 성도의 교제("서로 교제하고"), 성례("떡을 떼며"), 기도와 찬양("기도하기를").

이 요소들은 하나님과 그분의 백성 간의 대화 형성을 도와준다.

하나님은 그분의 말씀과 성례 안에서 우리에게 말씀하시고, 우리는 기도와 찬양 안에서 그분께 응답한다. 하나님은 우리를 예배로 부르시고, 우리는 우리가 그분께 의존하는 존재임을 맹세하면서 응답한다(시 124:8). 그 후 하나님은 그의 언약 백성에게 은혜와 평안을 선포하신다(롬 1:7; 고전 1:3; 고후 1:2; 갈 1:3-5; 엡 1:2; 빌 1:2; 골 1:2; 살전 1:1-2). 우리는 우리의 죄를 고백하고(시 51편), 우리에게 필요한 것을 간구한다(시 18:6). 하나님은 용서로(시 32편; 시 130:3-6), 그리고 말씀과 성례로(고후 5:18-20; 히 12:25; 딤후 4:1-5; 고전 10:16; 계 12:6,14) 응답하신다. 우리는 하나님의 선하심으로 인해 그분을 예배한다(시 147편). 하나님은 우리를 복 주시면서 파송하신다(고후 13:14). 역사적이며 건전한 이 예배 패턴은 하나님과의 언약적 만남을 영적으로 풍성하게 한다. 그 안에서 하나님의 은혜로우신 말씀이 우리를 소생시켜 그분의 뜻에 따라 응답하게 하신다.

예배는 성경 말씀으로 흠뻑 적셔진다

몇몇 교회들에서 행해지는 모습과는 달리, 기독교 예배는 시각적이라기보다 본질적으로 언어적이다. 제2계명은 하나님의 형상을 만드는 일을 분명하게 정죄하는데, 이는 하나님이 어떤 형상으로 적절히 묘사되실 수 없을 뿐만 아니라, 그의 말씀으로부터 멀어지게 할 형상을 통해 하나님께 나아가는 것을 그분이 허락하지 않으시기 때문이다. 금송아지는 실제로 또 다른 신이 아니었다. 그것은 하나님의 말씀을 기다리고 있어야 했음에도 눈에 보이는 가시적인 방편을 동원하여 여호와를 섬기려 했던 이스라엘의 그릇된 시도였다(출 32:4-5; 신 4:9-19 참조). 역사적인 개신교 교회는 그리스도를 포함하여 삼위일체의 세 위격 중 어느 분에 대해서도 어떤 형상으로 묘사하는 것을 비판해 왔다.

형상은 그 형상을 만든 사람의 상상력과 신학적 성향에 근거하기 때문에 하나님에 대한 왜곡을 일으킨다. 그리스도를 아름답게 그린 이미지는 이사야 53장 2절의 묘사("고운 모양도 없고 풍채도 없은즉 우리가 보기에 흠모할 만한 아름다운 것이 없도다")와 상반된다. 그리스도를 앵글로색슨족으로 그린 이미지는 역사적으로 부정확할 뿐만 아니라, 자기민족중심주의를 반영한다. 그리스도를 만화로 그린 이미지는 삼위일체의 제2위에 합당한 위엄을 훼손할 위험을 내포한다. 그리스도에 대한 눈에 보이는 이미지는 그분의 신성을 나타내지 못한다(그분의 인성과 신성을 분리한다). 뿐만 아니라 그리스도를 묘사하는 모든 이미지는 하나님의 형상을 만드려는 시도의 일환이다. 일정 기간 동안 하나님은 당신의 아들을 그분의 육체적 형상으로서 이 땅에 보내시는 것을 합당하게 여기셨다(골 1:15; 히 1:3). 그러나 아들을 다시 하늘로 올리우신 후에는, 그분의 기록된 말씀을 우리에게 주셨고, 그 말씀은 우리에게 하나님을 충분히 계시해준다. 현재 우리는 육신이 된 말씀이신 분을 육신의 눈으로 보지 않지만, 그분의 음성을 들을 수 있다(벧전 1:8-9). 우리는 십자가에 달린 예수님상이나 그림을 통해서가 아니라 세례와 성찬이라는 성례를 통해 그리스도를 뵙는다. 이것들은 주님이 친히 마련하신 그분에 대한 '그림들'이다.

이스라엘을 애굽에서 불러내어 시내산으로 이끄셨을 때, 하나님께서 중앙 무대를 취하시고 직접 말씀하사 모든 사람들의 입을 닫으셨다(신 5:4-5,23-27). 예배를 위해 교회가 모일 때 하나님은 여전히 말씀하신다(히 12:25-27). 고넬료가 "이제 우리는 주께서 당신에게 명하신 모든 것을 듣고자 하여 다 하나님 앞에 있나이다"(행 10:33)라고 말하여 베드로를 영접한 방식대로 우리는 하나님의 말씀을 영예롭게 해야 한다. 즉, 성경이 읽히고(딤전 4:13), 설교되고(딤후 4:2), 노래로 불려야(골 3:16) 한다는 것이다. 하나님의 계시(말씀)는 심지어 우리의 기도 속에도 침투해야 한다(마 6:9-13).

예배자들은 성경 말씀으로 성결하게 된다

예배 안에서 하나님은 말씀과 성례로 그분의 백성에게 은혜를 베푸신다. 이것들은 하나님이 자기 백성을 거룩하게 하기 위해 친히 지정하신 은혜의 방편이다. 예수님은 십자가에 달리시기 전에, "그들을 진리로 거룩하게 하옵소서 아버지의 말씀은 진리니이다"라고 아버지께 기도하셨다(요 17:17). 복음 설교는 우리의 믿음을 조성하기 위한 방편이기도 하지만(롬 10:17) 그것을 강화하기 위한 방편이기도 하다(롬 16:25). 마찬가지로, 성찬식은 하늘에 계신 그리스도의 몸과 피에 실제로 참여하고 실제로 교통하는 것이다(고전 10:16; 요 6:51-58 참조). 이 은혜의 방편들은 모든 그리스도인의 성화와 영적 성장에 필수적이다.

하나님은 선지자 이사야를 통해 우리의 생명이 그의 말씀을 듣고 받아들이는 것에 달려 있음을 계시하셨다. "내게 듣고 들을지어다 그리하면 너희가 좋은 것을 먹을 것이며 너희 자신들이 기름진 것으로 즐거움을 얻으리라 너희는 귀를 기울이고 내게로 나아와 들으라 그리하면 너희의 영혼이 살리라"(사 55:2-3). 새 언약 안에서 하나님은 그분의 백성의 영혼을 위해 이 양식을 먹이신다. 예수님이 베드로에게 말씀을 맡기신 것도 바로 이 때문이다. "내 어린 양을 먹이라…내 양을 먹이라"(요 21:15,17). 물질적인 음식이 몸에 자양분을 공급하며 마음을 즐겁게 하듯이, 하나님이 말씀과 성례 안에서 공급하시는 영적 양식은 신자에게 영적 자양분과 영원한 기쁨을 준다.

우리는 이기심과 우상숭배 성향을 지니고 있기 때문에 우리는 거짓된 세상의 기만에 대항하여 우리에게 진리를 일깨워줄 외부의 음성을 필요로 한다. 우리는 거룩하신 하나님이 그리스도를 통해 사악한 죄인들을 의롭다 하신다는 놀라운 메시지를 들을 필요가 있다. 하이델베르크 교리문답 98문에서 말하듯이, "하나님 말씀의 살아 있는 설교"는 그 일을 이루기 위해 하나님이 지정하신 방편이다.

설교는 우리를 우리 자신에게서 벗어나 하나님의 약속을 바라보고 믿게 하시는 성령님의 강력한 개입을 수반한다. 하나님의 약속은 그리스도 안에서 모두 '예'와 '아멘'이 된다(고후 1:20).

그러므로 교회에 가는 주된 목적은 하나님을 섬기는 것이 아니라 하나님에게서 섬김을 받는 것이다. 저녁 잡수시던 자리에서 일어나 겉옷을 벗고 수건을 가져다가 허리에 두르시고 제자들의 발을 씻어주셨던 주님이 지금도 자신을 따르는 자들에게 임하셔서 말씀과 성례로 섬겨주신다. 그분은 온 회중이 함께하는 예배의 잔치로 우리를 부르신다. 주님은 매주 말씀 사역을 통해 광야에 식탁을 펴시고 영혼을 살찌우는 훌륭한 음식과 음료를 우리 앞에 차려주신다.

이 진수성찬에 대해 우리는 숭배와 열정과 기쁨의 예배로 응답한다. 하나님이 우리를 이끄시는 곳은 무서운 시온산이 아니라 축제가 벌어지는 위에 있는 시온산이다(히 12:18-24). 하지만 그분은 여전히 거룩하신 하나님이자 소멸하는 불이시다. 우리는 감사와 외경심 가운데 온전히 그분의 말씀에 따라서 그분을 예배해야 한다(히 12:28-29).

우리가 신자의 자녀에게 세례를 주는 이유는
그들이 은혜 언약과 하나님의 백성 안에 속하기 때문이다.

부록 5

유아세례를 어떻게 볼 것인가?

"왜 이 교회에서는 아기들에게 세례를 주죠?" 이것은 개혁교회를 방문하는 이들이 흔히 제기하는 질문이다. 신자의 자녀에게 세례를 주는 역사적인 실천사항이 어려운 시기에 직면하게 되었기 때문에 개신교 신자들 사이에 표준적 규범이었던 것이 지금은 많은 이들에게 낯선 개념이 되었다. 따라서 유아세례의 교리는 개혁교회에 합류하길 원하는 사람에게 곤란한 장애물이 될 수 있다.

개혁교회에서 어린아이들에게 세례를 주는 이유는 무엇일까? 대답은 간단하다. 우리가 신자의 자녀에게 세례를 주는 이유는 그들이 은혜 언약과 하나님의 백성 안에 속하기 때문이다. 이 대답은 간단하지만 어느 정도의 설명을 요구한다. 삼위일체나 그리스도의 신성과 같은 많은 교리들의 경우에서처럼, 유아세례 교리는 몇몇 증거 본문을 읽는 것보다는 성경에 대한 더 폭넓은 접근을 요구한다. 이 교리를 이해하기 위해서는, 하나님과 그분의 백성 간의 은혜 언약과 교회의 특성을 먼저 살펴보아야 한다.

아마 이 교리를 이해하기 위한 가장 간단한 접근 방법은, 유아세례에 대한 하이델베르크 교리문답의 간명한 설명에서 시작하는 것이다.

74문: 유아들도 세례를 받아야 합니까?

답: 그렇습니다. 성인들만이 아니라 유아들도 하나님의 언약 안에 있고 그분의 백성입니다. 성인들 못지않게, 그들에게도 그리스도의 보혈을 통해 그리고 믿음을 갖게 하시는 성령을 통해 죄 사함이 약속되어 있습니다. 그러므로 언약의 표시인 세례를 통해 유아들은 기독교 교회 안으로 받아들여져야 하고 불신자들의 자녀와 구별되어야 합니다. 구약에서는 이 일이 할례를 통해 이뤄졌으나, 신약에서는 세례로 대체되었습니다.

이 대답 속에는 우리가 주의 깊게 고려해야 하는 네 부분이 있다 (1) 하나의 은혜 언약이 있다. (2) 구약에서 하나님은 성도의 자녀들을 그분의 교회 안에 포함시키셨다. (3) 신약에서도 하나님은 여전히 성도의 자녀들을 그분의 교회 안에 포함시키신다. (4) 세례 안에서 약속되는 약속이 있으며 이 약속을 반드시 믿어야 한다.

1. 하나의 은혜 언약이 있다

하이델베르크 교리문답은 신자의 자녀가 "하나님의 언약 안에 있고 그분의 백성"이라고 주장한다. 이 교리문답이 가리키는 언약은 무엇인가?

언약은 그리스도인들이 붙들어야 할 중요한 개념이다. 이것은 성경의 구조를 짜는 틀이기 때문이다. 간략히 정의하면, 언약이란 서약과 약속을 통해 당사자들 간에 엄숙한 계약 관계를 형성하는 공식적인 계약이다. 우리 대부분은 수많은 언약 관계 안에 있다. 예컨대, 결혼은 한 남자와 한 여자의 언약이다. 융자는 빌려주는 자와 빌리는 자 간의 언약이다. 우리는 성경의 구속사 전반에 걸쳐 하나님과 사람 간의 언약들을 발견한다. 한 번이라도 성경 전체를 읽어본 사람이라면 하나님의 언약 체결이 성경 줄거리의 핵심이라는 것을 안다. 하나님은 노아, 아브라함, 이스라엘 민족, 그리고 다윗과 같은 핵심 인물들과 언약을 맺으신다. 성경에는 다양한 특성과 목적을 지닌 많은 언약들이 있지만, 하나님의 백성에게 구속의 유익을 가져다주는 언약은 궁극적으로 하나이다. 우리는 이를 '은혜 언약'이라 부른다. 이 언약에서, 하나님은 그리스도를 믿는 믿음을 통한 구원을 죄인들에게 약속하신다. 그리스도는 자신의 삶과 죽음과 부활을 통해 그분의 백성을 위한 구원을 마련하셨다.

은혜 언약은 아담과 하와가 하나님을 거역한 죄에 대한 징벌로 거룩한 동산에서 쫓겨난 직후인 창세기 3장 15절에서 시작된다. 비록 우리의 대표인 아담이 전체 인류를 죄와 사망으로 몰아넣었지만(롬 5:12-19), 그는 약속을 받는다. 바로 승리하시는 분이 뱀의 머리를 깨트리고 그분의 백성을 위해 영생을 얻어낼 것이라는 약속이다(창 3:15; 롬 5:14-21; 계 12:4-11). 말하자면, 그리스도께서 두 번째 아담으로서 첫 번째 아담이 실패한 일을 이루기 위해 보냄을 받으시리라는 것이었다(고전 15:21-22,45). 이 약속에서 우리는 은혜 언약의 시작을 본다. 하나님은 중보자를 보내어 뱀의 후손으로부터 그분의 백성을 분리하실 것을 약속하셨다.

셋에서 아브라함까지 하나님의 구속받은 백성(여자의 후손들)의 계보를 따라 은혜 언약은 지속된다(창 4-11장). 일단 아브라함이 등장하면서 이야기의 전개 속도가 늦춰진다. 하나님은 아브라함과 특정한 언약들을 맺으사 은혜 언약을 확장하신다. 그는 아브라함을 통해 "큰 민족"을 이루게 하시고(창 12:2) 그 안에서 "땅의 모든 족속이" 복을 받게 하실 것이다(창 12:3). 하나님은 아브라함에게 하늘의 별처럼 많은 후손과(창 15:5) 그들의 소유가 될 땅을(창 15:7) 주실 것이다. 하나님은 피 흘림을 수반하는 엄숙한 언약 의식으로 이 약속들을 보증하셨다. 하나님은 아브라함에게 주신 약속들을 성취하실 거라고 친히 맹세하시면서, 쪼개진 짐승들 사이로 지나가셨다(창15:8-21; 렘 34:18-19 참조).

하나님은 이 약속들을 구속사의 과정에서 훗날에 성취하셨다. 아브라함으로부터 이스라엘의 열두 지파가 나왔고, 그들은 하늘의 별처럼 많아졌다(신 1:10). 하나님은 그들을 애굽 종살이에서 해방시키신 후에, 약속의 땅으로 인도하셨다. 여호수아 21장 43-45절은 다음과 같이 전해준다.

"여호와께서 이스라엘의 조상들에게 맹세하사 주리라 하신 온 땅을 이와 같이 이스라엘에게 다 주셨으므로 그들이 그것을 차지하여 거기에 거주하였으니 여호와께서 그들의 주위에 안식을 주셨으되 그 조상들에게 맹세하신 대로 하셨으므로 그들의 모든 원수들 중에 그들과 맞선 자가 하나도 없었으니 이는 여호와께서 그들의 모든 원수들을 그들의 손에 넘겨 주셨음이니라 여호와께서 이스라엘 족속에게 말씀하신 선한 말씀이 하나도 남음이 없이 다 응하였더라."

구약성경에서 신약성경으로 넘어가면서, 하나님은 이 약속들을 훨씬 더 위대한 방식으로 성취하신다. 갈라디아서에서 사도 바울은 아브라함의 참된 후손이 되는 법을 우리에게 알려준다. 갈라디아서 3장 7-9절을 읽어보자.

"그런즉 믿음으로 말미암은 자들은 아브라함의 자손인 줄 알지어다 또 하나님이 이방을 믿음으로 말미암아 의로 정하실 것을 성경이 미리 알고 먼저 아브라함에게 복음을 전하되 모든 이방인이 너로 말미암아 복을 받으리라 하였느니라 그러므로 믿음으로 말미암은 자는 믿음이 있는 아브라함과 함께 복을 받느니라."

이 모든 사실은 우리에게 무엇을 보여주는가? 하나님의 한 백성을 위한 한 구원 계획이 있음을 보여준다. 성경은 이 백성을 아브라함의 씨 또는 후손이라 묘사한다(갈 3:29; 롬 2:28-29; 11:17-20 참조). 아브라함 언약에 포함되는 것 외에는 하나님의 자녀가 될 수 있는 다른 방법이 전혀 없다. 따라서 개혁파들이 말하는 '그 언약'은 창세기 3장 15절에 처음 약속되었고, 창세기 12, 15, 17장에서 아브라함에게 상세한 약속으로 확장되었으며, 마침내 그리스도 안에서 성취되었고, 만물의 완성 때까지 지속되는 단 하나의 은혜 언약을 가리킨다. 인간 역사의 어떤 시기에서든, 구원받았거나 구원받을 사람은 누구나 이 유일한 은혜 언약에 속해 있다. 구원이 주어지는 방식은 언제나 동일하다. 오직 은혜로, 오직 믿음을 통해, 유일한 언약의 중보이신 그리스도로 말미암는다.

2. 구약에서 하나님은 성도의 자녀를 그분의 가시적 교회에 포함시키셨다

구속사에서 은혜 언약이 차지하는 위치를 간략히 살펴보았으므로, 이제 우리는 "만일 신자들이 언약 안에 참여한 하나님의 백성이라면 그들의 자녀는 어떤 신분일까?"라는 물음을 제기해야 한다. 구약 성경은 하나님이 신자들의 자녀를 그분의 언약 안에 포함시키시고 그분의 가시적인 백성 안에 들어가도록 허락하셨을 뿐 아니라 그들을 포함시킬 것을 명하기도 하셨음을 계시한다. 창세기 17장 6-8절에서 하나님은 아브라함에게 그의 후손에게까지 확장되는 언약들을 상기시키신다.

"내가 너로 심히 번성하게 하리니 내가 네게서 민족들이 나게 하며 왕들이 네게로부터 나오리라 내가 내 언약을 나와 너 및 네 대대 후손 사이에 세워서 영원한 언약을 삼고 너와 네 후손의 하나님이 되리라 내가 너와 네 후손에게 네가 거류하는 이 땅 곧 가나안 온 땅을 주어 영원한 기업이 되게 하고 나는 그들의 하나님이 되리라."

그런 다음에 하나님은 아브라함과 그의 후손들에게 주어질 언약의 표에 대해 명하셨다. 그 언약의 표는 할례였다. 창세기 17장 9-14절에는 하나님이 아브라함에게 지시하신 내용이 나온다.

"하나님이 또 아브라함에게 이르시되 그런즉 너는 내 언약을 지키고 네 후손도 대대로 지키라 너희 중 남자는 다 할례를 받으라 이것이 나와 너희와 너희 후손 사이에 지킬 내 언약이니라 너희는 포피를 베어라 이것이 나와 너희 사이의 언약의 표징이니라 너희의 대대로 모든 남자는 집에서 난 자나 또는 너희 자손이 아니라 이방 사람에게서 돈으로 산 자를 막론하고 난 지 팔 일 만에 할례를 받을 것이라 너희 집에서 난 자든지 너희 돈으로 산 자든지 할례를 받아야 하리니 이에 내 언약이 너희 살에 있어 영원한 언약이 되려니와 할례를 받지 아니한 남자 곧 그 포피를 베지 아니한 자는 백성 중에서 끊어지리니 그가 내 언약을 배반하였음이니라."

할례는 '언약의 표'였다. 남성 생식기의 포피를 자르는 유혈 의식은, 하나님이 쪼개진 짐승 사이로 지나가시면서 아브라함 및 그의 후손들과 맺으셨던 언약을 상징하는 것이었다. 이것은 그저 형식적 의식에 불과한 것이 아니었다. 할례를 받는다는 것은 가장 깊은 영적 의미를 지닌 표징을 받는 것이었다. 할례는 심지어 중생과 칭의를 가리켰다(신 10:16; 30:6; 롬 4:11). 그것은 아브라함과 그의 후손들에게 주신 하나님의 약속들을 부단히 상기시키는, 육체에 새기는 표였다.

이 언약의 표를 받았다고 해서 그것이 상징하는 영적 실재를 소유했음을 보장하는 것은 아니지만, 그럼에도 이 표는 표를 받은 사람을 공적으로 거룩하게 구별지었으므로, 이 표를 받은 자는 누구나 언약 공동체의 멤버가 되었다. 아브라함의 권속인 모든 남자는, 아들이든 종이든 상관없이, 하나님의 언약 백성으로 인정되려면 이 표를 몸에 받아야 했다. 만약 이 언약의 표를 거부하면 누구나 언약 공동체에서 끊어져야 했다. 언약의 표를 거부하는 것은 언약 속에 담긴 하나님의 약속들을 거부하는 것이었다. 궁극적으로, 그것은 아브라함에게 주신 약속들의 보증으로서 쪼개진 짐승 사이로 지나가셨던 하나님과의 친교를 거부하는 것이었다.

3. 신약에서 하나님은 성도의 자녀를 여전히 그분의 가시적인 교회 안에 포함시키신다

신자의 자녀와 관련하여, 하이델베르크 교리문답 제74문의 답은 이렇게 말한다. "그러므로 언약의 표인 세례를 통해 유아들은 기독교 교회에 받아들여져야 하고 불신자들의 자녀와 구별되어야 합니다. 구약에서는 이 일이 할례를 통해 이루어졌으나, 신약에서는 세례로 대체되었습니다." 가시적 교회에 포함되는 것을 나타내는 언약적 표는 더 이상 할례가 아니라 세례이다(골 2:11-12). 세례는 할례와 마찬가지로 단 한 번의 들어감을 나타내는 표지이며 하나님의 언약 약속의 보증으로서, 세례받는 사람이 하나님의 가시적 언약 백성에 속함을 나타낸다. 세례도 할례와 마찬가지로 신자와 그의 자녀를 위한 것이다.

종종 침례교인들은 신약성경이 유아세례에 대한 분명한 명령이나 사례를 전혀 제시하지 않기 때문에 확실한 신앙고백을 하기 전까지는 신자의 자녀에게 세례를 주어선 안 된다고 주장한다. 이 주장에 대해 우리는 이렇게 물어야 한다. "신자들의 자녀를 가시적인 교회로부터 배제하라는 분명한 명령이나 배제한 사례가 신약성경의 어디에 있는가?" 위대한 프린스턴 신학자 B. B. 워필드는 유아세례를 매우 직설적인 표현으로 옹호했다. "[유아세례를 위한] 논거를 간결하게 말하면 이와 같다. 하나님이 아브라함 시대에 그의 교회를 세우셨고 자녀들을 그 안에 포함시키셨다. 그들은 하나님이 쫓아내시기 전까지는 거기 남아 있어야 했다. 하나님은 그들을 쫓아내지 않으셨다. 그렇다면 그들은 여전히 그분의 교회의 멤버들이며 교회의 규례에 참여할 자격을 갖는다." 신자의 자녀를 하나님의 언약에서 배제시키라는 명령은 전혀 없다. 반대로, 예수님은 "어린 아이들을 용납하고 내게 오는 것을 금하지 말라 천국이 이런 사람의 것이니라"라고 말씀하셨다 (마 19:14).

보다 중요한 것은, 신약 시대에 들어서는 한때 교회에서 배제되었던 사람들을 포함시키는 경향이 뚜렷하다는 것이다. 이와 관련한 대표적인 사례는 이방인들에게 복음이 전해진 것이다. 그들은 육체적으로 아브라함의 후손도 아니고 "그리스도 밖에 있었고 이스라엘 나라 밖의 사람이라 약속의 언약들에 대하여는 외인이요 세상에서 소망이 없고 하나님도 없었던" 사람들인데(엡 2:12), 이제는 그리스도 예수 안에서 더 이상 "외인도 아니요 나그네도 아니요 오직 성도들과 동일한 시민이요 하나님의 권속"이다(엡 2:19). 또한 이것은 세례가 남성들에게는 물론이고 여성들에게도 행해졌다는 사실에서도 볼 수 있다(행 8:12). 이는 할례가 남성들에게만 행해진 것과는 대조적이다. 따라서 바울은 "남자나 여자나 다 그리스도 예수 안에서 하나이니라"라고 말한다(갈 3:28). 가정이나 교회에서 맡은 역할과 관련하여 남녀의 구별은 여전히 존재하지만, 세례는 남자와 여자의 인격적 가치가 하나님 보시기에 동일하다는 사실을 보여준다. 이는 둘 다 하나님의 형상으로 지음받았고(창 1:26-28) 동일하게 그리스도 안에서 구속받기 때문이다. 그러므로 그리스도인 여성들은 예루살렘 성전에서처럼 분리된 뜰에서 예배할 필요가 없다. 그들도 남자들과 함께 회중 가운데서 예배드려야 한다(골 3:18-19).

이 사실들을 고려할 때, 하나님이 이방인들을 언약 백성 안에 포함시키고 여성에게까지 언약의 표를 확장시키시면서, 신자의 자녀에 대해서는 반대 입장을 보이신다고 생각할 근거가 있는가? 신약에서 하나님이 한때 배제되었던 자들을 포함시켜 그분의 은혜를 보다 풍성하게 확장하신다면, 왜 한때 포함되었던 자녀를 배제시키시겠는가? 그리스도인이 된 1세기의 히브리인 부모들은 그들의 자녀가 이제 은혜 언약 밖에 있다는 말을 들었다면 경악했을 것이다.

하지만 실제로는 어떤가? 사도들은 부모들에게 복음을 전했다. 오순절에 행한 설교에서, 베드로는 유대인의 큰 무리에게 복음을 선포하면서 그들에게 회개하고 예수님의 이름으로 세례받을 것을 당부했다. 그리고 결론적으로 이렇게 말했다. "이 약속은 너희와 너희 자녀와 모든 먼 데 사람 곧 주 우리 하나님이 얼마든지 부르시는 자들에게 하신 것이라"(행 2:39). "먼 데 사람"은 이제 하나님의 언약 안에 포함된 이방인들이다. 하지만 그 약속이 여전히 "너희 자녀"를 위한 것임을 베드로가 특별히 지적한다는 점에 주목하라. 신자의 자녀는 처음부터 하나님의 언약 공동체 안에 있는 멤버십에서 배제되지 않고 포함된다.

이 때문에 바울은 신자의 자녀를 은혜 언약의 멤버라고 언급한다. "자녀들아 주 안에서 너희 부모에게 순종하라"(엡 6:1). 바로 다음 절에서 바울은 그들에게 제5계명을 상기시키면서 새 언약의 자녀들이 옛 언약의 자녀들과 똑같은 책임과 특권을 지님을 알려준다. 그들은 그리스도의 제자로 양육되어야 한다. "또 아비들아 너희 자녀를 노엽게 하지 말고 오직 주의 교훈과 훈계로 양육하라"(엡 6:4; 신 6:4-9 참조). 분명 이 자녀들은 구약에서와 마찬가지로 가시적인 교회의 멤버로 간주된다. 따라서 그들은 언약의 표인 세례를 받아야 한다.

4. 세례 안에서 약속되는 것이 있으며 우리는 이 약속을 믿어야 한다

오순절 설교에서 베드로가 언급한 약속은 하이델베르크 교리문답 제74문답에 나와 있다. 그 내용에 따르면, 우리의 자녀는 "성인과 마찬가지로 그리스도의 보혈을 통한 그리고 믿음을 주시는 성령을 통한 죄 사함을" 약속받는다.

이 때문에 부모들은 자신의 자녀에게 교리문답을 통해 신앙교육을 시키고 그들을 위해 각별히 기도해야 하며, 그들을 주의 교훈과 훈계로 양육해야 한다(엡 6:4). 세례식 때 부모가 최선을 다해 자녀에게 구원의 교리를 가르칠 것을 약속하며 서원할 필요가 있는 것도 바로 이 때문이다. 부모는 세례받는 자녀에게 그들이 "기독교 교회로 받아들여졌고" "불신자들의 자녀로부터 구별되었음"을(하이델베르크 교리문답 74문) 이해시켜야 할 뿐만 아니라, 그들이 받은 세례에 비추어 다음과 같은 질문을 해야 한다. 너는 복음을 믿니? 너는 물이 몸의 더러운 것을 씻어내듯이 그리스도의 보혈만이 네 죄를 씻을 수 있음을 믿니? 너는 네가 받는 세례에 담긴 의미를 믿니?

복음을 거부하면, 세례의 물은 축복의 표가 아니라 심판의 표가 된다. 불신하는 이스라엘인의 할례가 하나님의 은총으로부터 '끊어지는' 저주를 상징했듯이, 세례에 담긴 의미를 거부하는 신약의 자녀는 노아 시대의 불신자들처럼 심판을 받게 될 것이다. 노아와 그의 가족은 대홍수에서 안전하게 보존된 반면에 모든 불신자들은 하나님의 심판으로 멸망당했다(벧전 3:20-22).

반면에 복음을 믿고 참된 믿음으로 그리스도를 영접하는 언약 자녀는, 우리 몸이 물로 씻기듯이 우리 죄도 영적으로 씻긴다는 하나님의 표와 인을 자신의 세례에서 볼 수 있다(하이델베르크 교리문답 73문).

우리가 신자의 자녀에게 세례를 주는 것은 그들이 언약과 하나님의 백성에 속하기 때문이다.

용어풀이

교회 개척자: 개척 교회를 조직화하는 목사.
노회: URCNA에 속한 특정 지역 내의 교회들의 연합.
당회: 지역 교회의 장로들과 목사(들).
핵심 그룹: 개척 교회를 처음 시작하는 핵심이 되는 가족들과 개인들.
제직회: 당회와 집사들의 모임.
공동사역위원회: 특정한 선교 사역을 지원하기 위해 협력하는 둘 이상의 회중들 그룹.
모교회: 개척 교회를 감독하며 1차적으로 지원하는 교회.

교회 개척자를 위한 추천도서

교회 개척, 선교, 복음전도에 관하여

Bavinck, J.H. *An Introduction to the Science of Missions.* Philadelphia: Presbyterian & Reformed, 1960. J.H. 바빙크 《선교학개론》(성광문화사).

The Committee on Home Missions and Church Extension of the Orthodox Presbyterian Church. *Planting an Orthodox Presbyterian Church.* Willow Grove, PA: The Committee on Home Missions and Church Extension, n.d..

Hyde, Daniel R. and Lems, Shane, eds. *Planting, Watering, Growing: Planting Confessionally Reformed Churches in the 21st Century.* Grand Rapids, MI: Reformation Heritage Books, 2011.

Kuiper, R.B. *God-Centered Evangelism: A Presentation of the Scriptural Theology of Evangelism.* Edinburgh: Banner of Truth, 1978. R.B. 카이퍼, 《하나님 중심의 복음전도》(민영사).

Nevius, John. *The Planting and Development of Missionary Churches.* Philadelphia: Presbyterian & Reformed, 1958. 존 네비우스, 《네비우스 선교방법》(성광문화사).

Packer, J.I. *Evangelism and the Sovereignty of God.* Downers Grove, Ill.: IVP, 2009.

핵심그룹을 교육하는 것에 관하여

신조와 신앙고백에 관하여:

DeYoung, Kevin. *The Good News We Almost Forgot: Rediscovering the Gospel in a 16th Century Catechism*. Chicago, IL: Moody, 2010. 케빈 드영,《왜 우리는 하이델베르크 교리문답을 사랑하는가》(부흥과개혁사).

Hyde, Daniel R. *With Heart and Mouth: An Exposition of the Belgic Confession*. Grandville, MI: Reformed Fellowship, 2008.

Trueman, Carl R. *The Creeda Imperative*. Wheaton, IL: Crossway, 2012. 칼 트루먼,《교리와 신앙》(지평서원).

Venema, Cornelis P. *But for the Grace of God: An Exposition of the Canons of Dort*. Grandville, MI: Reformed Fellowship, 1994.

Williamson, G.I. *The Heidelberg Catechism: A Study Guide*. Phillipsburg, NJ: Presbyterian & Reformed, 1993.

조직신학에 관하여:

Berkhof, Louis. *Manual of Christian Doctrine*. Grand Rapids: Eerdmans, 1939. 루이스 벌코프,《벌코프 조직신학 개론》(CH북스).

Horton, Michael S. *Pilgrim Theology: Core Doctrines for Christian Disciples*. Grand Rapids: Zondervan, 2011. 마이클 호튼,《조직신학》(부흥과개혁사).

언약신학에 관하여:

Brown, Michael G. and Keele, Zach. *Sacred Bond: Covenant Theology Explored*. Grandville, MI: Reformed Fellowship, 2012. 마이클 브라운, 자크 킬,《언약신학으로의 초대》(부흥과개혁사).

교회론과 성례에 관하여:

Bonhoeffer, Dietrich. *Life Together: The Classic Exploration of Christian*

Community. New York: Harper Collins, 1954. 디트리히 본회퍼,《말씀 아래 더불어 사는 삶》(아인북스).

Hyde, Daniel R. *Jesus Loves the Little Children: Why We Baptize Children*. Grandville, Mich.: Reformed Fellowship, 2006.

_____. *Welcome to a Reformed Church: A Guide for Pilgrims*. Orlando: Reformation Trust, 2010. 대니얼 하이드,《개혁교회에 오신 것을 환영합니다》(부흥과개혁사).

Horton, Michael S. *People and Place: A Covenant Ecclesiology*. Louisville, KY.: Westminster, 2008.

예배에 관하여:

Hart, D.G., and Muether, John R. *With Reverence and Awe: Returning to the Basics of Reformed Worship*. Phillipsburg, NJ: Presbyterian & Reformed, 2002. D.G. 하트, 존 R. 뮤터,《개혁주의 예배신학》(개혁주의신학사).

Horton, Michael S. *A Better Way: Rediscovering the Drama of God-Centered Worship*. Grand Rapids: Baker, 2002.

Hyde, Daniel R. *What to Expect in Reformed Worship: A Visitor's Guide*. Eugene, OR: Wipf & Stock Publishers, 2007. 대니얼 하이드,《개혁교회 공예배》(개혁된실천사).

Payne, Jon D. *In the Splendor of Holiness: Rediscovering the Beauty of Reformed Worship for the 21st Century*. White Hall, WV: Tolle Lege, 2008.

목회자가 핵심그룹을 돌보는 것에 관하여

De Jong, Peter Y. *Taking Heed to the Flock: A Study of the Principles and Practice of Family Visitation*. Grand Rapids: Baker, 1948.

Murphy, Thomas. *Pastoral Theology: The Pastor in the Various Duties of His Office*. Philadelphia: Presbyterian Board of Publications, 1877.

Poirer, Alfred. *The Peacemanking Pastor: A Biblical Guide to Resolving Church Conflict*. Grand Rapids: Bakers, 2004.

Sittema, John R. *With a Shepherd's Heart: Reclaiming the Pastoral Office of Elder*. Grandville, MI: Reformed Fellowship, 1995. 61

직분자를 훈련시키는 것에 관하여

Allison, Archibald Alexander. "Biblical Qualifications for Elders." *Ordained Servant* 3.4 (1994): 80-86, available online at http://www.opc.org/OS/pdf/OSV3N4.pdf.

Brown, Mark, ed. *Order in the Offices: Essays Defining the Roles of Church Officers*. Duncansville, PA.: Classic Presbyterian Government Resources, 1993.

Brown, Michael, ed. *Called to Serve: Essays for Elders and Deacons*. Grandville, MI: Reformed Fellowship, 2007.

De Jong, Peter Y. *The Ministry of Mercy for Today*. Eugene, OR: Wipf and Stock, 2003.

_____. *Taking Heed to the Flock: A Study of the Principles and Practice of Family Visitation*. Eugene, OR: Wipf and Stock, 2003. 피터 데 용,《개혁교회의 가정 심방》(개혁된실천사).

Dickson, David. *The Elder and His Work*. Phillipsburg, NJ: Presbyterian & Reformed, 2004. 데이비드 딕슨,《장로와 그의 사역》(개혁된실천사).

Sittema, John R. *With a Shepherd's Heart: Reclaiming the Pastoral Office of Elder*. Grandville, MI: Reformed Fellowship, 1995.

Strauch, Alexander. *The New Testament Deacon*. Littleton, CO: Lewis & Roth, 1992.

Van Dam, Cornelis. *The Elder: Today's Ministry Rooted in All of Scripture*. Phillipsburg, NJ: Presbyterian & Reformed, 2009. 코넬리스 반 담,《장로》(성약출판사).

Witmer, Timothy Z. *The Shepherd Leader*. Phillipsburg, NJ: Presbyterian & Reformed, 2010. 티모시 Z. 위트머,《목자 리더십》(개혁주의신학사).

개혁된실천사 도서 소개

개혁된 실천 시리즈 ─────────

1. 조엘 비키의 교회에서의 가정
설교 듣기와 기도 모임의 개혁된 실천
조엘 비키 지음 | 유정희 옮김

이 책은 가정생활의 두 가지 중요한 영역에 대한 실제적 지침을 포함하고 있다. 첫째, 공예배를 위해 가족들을 어떻게 준비시켜야 하는지, 설교 말씀을 어떻게 받아야 하는지, 그 말씀을 어떻게 실천해야 하는지 설명한다. 둘째, 기도 모임이 교회의 부흥과 얼마나 관련이 깊은지 역사적으로 고찰하면서, 기도 모임의 성경적 근거를 제시하고, 그 목적을 설명하며, 나아가 바람직한 실행 방법을 설명한다.

2. 존 오웬의 그리스도인의 교제 의무
그리스도인의 교제의 개혁된 실천
존 오웬 지음 | 김태곤 옮김

이 책은 그리스도인 상호 간의 교제에 대해 청교도 신학자이자 목회자였던 존 오웬이 저술한 매우 실천적인 책으로서, 이 책에서 우리는 청교도들이 그리스도인의 교제를 얼마나 중시했는지 엿볼 수 있다. 이 책은 그리스도인의 교제에 대한 핵심 원칙들을 담고 있다. 교회 안의 그룹 성경공부에 적합하도록 각 장 뒤에는 토의할 문제들이 부가되어 있다.

3. 개혁교회의 가정 심방
가정 심방의 개혁된 실천
피터 데 용 지음 | 조계광 옮김

목양은 각 멤버의 영적 상태를 개별적으로 확인하고 권면하고 돌보는 일을 포함한다. 이를 위해 교회는 역사적으로 가정 심방을 실시하였다. 이 책은 외국 개혁교회에서 꽃피웠던 가정 심방의 실제 모습을 보여주며, 한국 교회 안에서 행해지는 가정 심방의 개선점을 시사해준다.

4. 네덜란드 개혁교회의 자녀양육
자녀양육의 개혁된 실천
야코부스 꿀만 지음 | 유정희 옮김

이 책에서 우리는 17세기 네덜란드 개혁교회 배경에서 나온 자녀양육법을 살펴볼 수 있다. 경건한 17세기 목사인 야코부스 꿀만은 자녀양육과 관련된 당시의 지혜를 한데 모아서 구체적인 282개 지침으로 꾸며 놓았다. 부모들이 이 지침들을 읽고 실천하면 큰 도움을 받을 수 있게 하였다. 의도는 선하더라도 방법을 모르면 결과를 낼 수 없다. 우리 그리스도인 부모들은 구체적인 자녀양육 방법을 배우고 실천해야 한다.

5. 신규 목회자 핸드북
제이슨 헬로포올로스 지음 | 리곤 던컨 서문 | 김태곤 옮김

이 책은 새로 목회자가 된 사람을 향한 주옥같은 48가지 조언을 담고 있다. 리곤 던컨, 케빈 드영, 앨버트 몰러, 알리스테어 베그, 팀 챌리스 등이 이 책에 대해 극찬하였다. 이 책은 읽기 쉽고 매우 실천적이며 유익하다.

6. 신약 시대 신자가 왜 금식을 해야 하는가
금식의 개혁된 실천
대니얼 R. 하이드 지음 | 김태곤 옮김

금식은 과거 구약 시대에 국한된, 우리와 상관없는 실천사항인가? 신약 시대 신자가 정기적인 금식을 의무적으로 행해야 하는가? 자유롭게 금식할 수 있는가? 금식의 목적은 무엇인가? 이 책은 이런 여러 질문에 답하면서, 이 복된 실천사항을 성경대로 회복할 것을 촉구한다.

7. 개혁교회 공예배
공예배의 개혁된 실천
대니얼 R. 하이드 지음 | 이선숙 옮김

많은 신자들이 평생 수백 번, 수천 번의 공예배를 드리지만 정작 예배에 대해서 제대로 이해하지 못하는 경우가 많다. 당신은 예배가 왜 지금과 같은 구조와 순서로 되어 있는지 이해하고 예배하는가? 신앙고백은 왜 하는지, 목회자가 왜 대표로 기도하는지, 말씀은 왜 읽는지, 축도는 왜 하는지 이해하고 참여하는가? 이 책은 분량은 많지 않지만 공예배의 핵심 사항들에 대하여 알기 쉽게 알려준다.

8. 아이들이 공예배에 참석해야 하는가
아이들의 예배 참석의 개혁된 실천
대니얼 R. 하이드 지음 | 유정희 옮김

아이들만의 예배가 성경적인가? 아니면 아이들도 어른들의 공예배에 참석해야 하는가? 성경은 이에 대해 무엇을 말하는가? 아이들의 공예배 참석은 어떤 유익이 있으며 실천적인 면에서 주의할 점은 무엇인가? 이 책은 아이들의 공예배 참석 문제에 대해 성경을 토대로 돌아보게 한다.

9. 마음을 위한 하나님의 전투 계획
청교도가 실천한 성경적 묵상
데이비드 색스톤 지음 | 조엘 비키 서문 | 조계광 옮김

묵상하지 않으면 경건한 삶을 살 수 없다. 우리 시대에 일어나고 있는 일이 바로 이것이다. 오늘날은 명상에 대한 반감으로 묵상조차 거부한다. 그러면 무엇이 잘못된 명상이고 무엇이 성경적 묵상인가? 저자는 방대한 청교도 문헌을 조사하여 청교도들이 실천한 묵상을 정리하여 제시하면서, 성경적 묵상이란 무엇이고, 왜 묵상을 해야 하며, 어떻게 구체적으로 묵상을 실천하는지 알려준다. 우리는 다시금 이 필수적인 실천사항으로 돌아가야 한다.

10. 장로와 그의 사역
장로 직분의 개혁된 실천
데이비드 딕슨 지음 | 김태곤 옮김

장로는 무슨 일을 하는 사람인가? 스코틀랜드 개혁교회 장로에게서 장로의 일에 대한 조언을 듣자. 이 책은 장로의 사역에 대한 지침서인 동시에 남을 섬기는 삶의 모델을 보여주는 책이다. 이 책 안에는 비단 장로뿐만 아니라 모든 그리스도인이 본받아야 할, 섬기는 삶의 아름다운 모델이 담겨 있다. 이 책은 따뜻하고 영감을 주는 책이다.

11. 북미 개혁교단의 교회개척 매뉴얼
URCNA 교단의 공식 문서를 통해 배우는 교회개척 원리와 실천

이 책은 북미연합개혁교회(URCNA)라는 개혁교단의 교회개척 매뉴얼로서, 교회개척의 첫 걸음부터 그 마지막 단계까지 성경의 원리에 입각한 교회개척 방법을 가르쳐준다. 모든 신자는 함께 교회를 개척하여 그리스도의 나라를 확장해야 한다.

12. 9Marks 마크 데버, 그렉 길버트의 설교
설교의 개혁된 실천
마크 데버, 그렉 길버트 지음 | 이대은 옮김

1부에서는 설교에 대한 신학을, 2부에서는 설교에 대한 실천을 담고 있고, 3부는 설교 원고의 예를 담고 있다. 이 책은 신학적으로 탄탄한 배경 위에서 설교에 대해 가장 실천적으로 코칭하는 책이다.

13. 예배의 날
제4계명의 개혁된 실천
라이언 맥그로우 지음 | 조계광 옮김

제4계명은 십계명 중 하나로서 삶의 골간을 이루는 중요한 계명이다. 하나님의 뜻을 따르는 우리는 이를 모호하게 이해하고, 모호하게 실천하면 안 되며, 제대로 이해하고, 제대로 실천해야 한다. 이를 위해 우리는 이 계명의

참뜻을 신중하게 연구해야 한다. 이 책은 가장 분명한 논증을 통해 제4계명의 의미를 해석하고 밝혀준다. 하나님은 그날을 왜 제정하셨나? 그날은 얼마나 복된 날이며 무엇을 하면서 하나님의 복을 받는 날인가? 교회사에서 이 계명은 어떻게 이해되었고 어떤 학설이 있고 어느 관점이 성경적인가? 오늘날 우리는 이 계명을 어떻게 지킬 것인가?

14. 9Marks 힘든 곳의 지역 교회 (2019년도 4사분기 출간 예정)

가난하고 곤고한 곳에 지역 교회가 어떻게 생명을 가져다 주는가

메즈 맥코넬, 마이크 맥킨리 지음 | 김태곤 옮김

이 책은 각각 브라질, 스코틀랜드, 미국 등의 빈궁한 지역에서 지역 교회 사역을 해 오고 있는 두 명의 저자가 그들의 실제 경험을 바탕으로 쓴 책이다. 이 책은 그런 지역에 가장 필요한 사역, 가장 효과적인 사역, 장기적인 변화를 가져오는 사역이 무엇인지 가르쳐준다. 힘든 곳에 사는 사람들을 궁휼히 여기는 마음이 있다면 꼭 참고할 만한 책이다.

15. 질서가 잘 잡힌 교회 (2019년도 4사분기 출간 예정)

교회 생활의 개혁된 실천

윌리엄 뵈케슈타인, 대니얼 하이드 공저

이 책은 두 명의 개혁파 목사가 교회에 대해 저술한 책이다. 이 책은 기존의 교회성장에 관한 책들과는 궤를 달리하며, 교회의 정체성, 교회 안의 다스리는 권위 체계, 교회와 교회 간의 상호 관계, 교회의 사명 등 네 가지 영역에서 성경적 원칙이 확립되고 '질서가 잘 잡힌 교회'가 될 것을 촉구한다. 이 네 영역 중 하나라도 잘못되고 무질서하면 그만큼 교회의 삶은 혼탁해지며 교회는 약해지게 된다. 어떤 기관이든 질서가 잘 잡혀야 번성하며, 교회도 예외가 아니다.

16. 장로 직분 이해하기 (2019년도 4사분기 출간 예정)

모든 성도가 알아야 할 장로 직분

제랄드 벌고프, 레스터 데 코스터 공저

하나님은 복수의 장로를 통해 교회를 다스리신다. 복수의 장로가 자신의 역할을 잘 감당해야 교회 안에 하나님의 통치가 제대로 편만하게 미친다. 이 책은 그토록 중요한 장로 직분에 대한 성경의 가르침을 정리하여 제공한다. 이 책의 원칙에 의거하여 오늘날 교회 안에서 장로 후보들이 잘 양육되고 있고, 성경이 말하는 자격요건을 구비한 장로들이 성경적 원칙에 의거하여 선출되고, 장로들이 자신의 감독과 목양 책임을 잘 수행하고 있는가? 우리는 장로 직분을 바로 이해하고 새롭게 실천하여야 할 것이다. 이 책은 비단 장로만을 위한 책이 아니라 모든 성도를 위한 책이다. 성도는 장로를 선출하고 장로의 다스림에 복종하고 장로의 감독을 받고 장로를 위해 기도하고 장로의 직분 수행을 돕고 심지어 장로 직분을 사모해야 하기 때문에 장로 직분에 대한 깊은 이해가 필수적이다.

17. 집사 직분 이해하기 (2019년도 4사분기 출간 예정)

모든 성도가 알아야 할 집사 직분

제랄드 벌고프, 레스터 데 코스터 공저

하나님의 율법은 교회 안에서 곤핍한 자들, 외로운 자들, 정서적 필요를 가진 자들을 따뜻하고 자애롭게 돌볼 것을 명한다. 거룩한 공동체 안에 한 명도 소외된 자가 없도록 이러한 돌봄이 잘 이루어져야 한다. 이 일은 기본적으로 모든 성도가 힘써야 할 책무이지만 교회는 특별히 이 일에 책임을 지고 감당하도록 집사 직분을 세운다. 오늘날 율법의 명령이 잘 실천되어 교회 안에 사랑과 섬김의 손길이 구석구석 미치고 있는가? 우리는 집사 직분을 바로 이해하고 새롭게 실천하여야 할 것이다. 그것은 교회 공동체를 향한 하나님의 거룩한 뜻이다.

18. 건강한 교회의 실천사항들(2019년도 4사분기 출간 예정)
생기 넘치는 교회 생활과 사역을 위한 성경적 전략
도날드 맥네어, 에스더 미크 공저, 브라이언 채플 서문

이 책은 미국 P&R 출판사에서 출간된 책으로서, 교회라는 주제를 다룬다. 저자는 교회를 재활성화시키는 것을 돕는 컨설팅 분야에서 일하면서, 많은 교회의 문제점을 진단하고 개선을 유도하면서 교회들을 섬겼다. 교회 생활과 사역은 침체되어 있으면 안 되며 생기가 넘쳐야 한다. 저자는 탁상공론을 하지 않는다. 이 책에서 그는 교회의 관행과 관련된 여러 가지 실제적 문제점을 진단하고, 그 개선책을 제시하면서, 생기 넘치는 교회 생활과 사역을 위한 실천적 방법을 명쾌하게 예시한다. 그 방법은 인위적이지 않으며 성경에 근거한 지혜를 담고 있다.